"一带一路"列国人物传系 总主编◎王丽

贞观荣耀
唐太宗传

徐帮学 唐 迪◎主编

华文出版社
中国出版集团公司

图书在版编目（CIP）数据

唐太宗传：贞观荣耀 / 徐帮学，唐迪主编. ——北京：华文出版社，2022.10
（"一带一路"列国人物传系）
ISBN 978-7-5075-5400-7

Ⅰ.①唐… Ⅱ.①徐… ②唐… Ⅲ.①李世民（599-649）－传记 Ⅳ.①K827=421

中国版本图书馆CIP数据核字（2020）第260623号

唐太宗传：贞观荣耀

主　　编	徐帮学　唐　迪
责任编辑	谭　笑
出版发行	华文出版社
社　　址	北京市西城区广外大街305号8区2号楼
邮政编码	100055
投稿信箱	784263235@qq.com
电　　话	总编室 010-58336239
	发行部 010-58336267/58336253
	责任编辑 010-58336237
经　　销	新华书店
印　　刷	三河市航远印刷有限公司
开　　本	880×1230　1/32
印　　张	9.25
字　　数	156千字
版　　次	2022年10月第1版
印　　次	2022年10月第1次印刷
标准书号	ISBN 978-7-5075-5400-7
定　　价	38.00元

版权所有　侵权必究

"'一带一路'列国人物传系"编辑委员会

指导单位：
中国文学艺术界联合会
中国社会科学院国家全球战略智库

编委会：
总主编： 王　丽
副主编： 唐得阳　王灵桂
委　员：（按姓氏笔画排序）

丁闻琦	丁　超	于　青	于福龙	马细谱	王成军	王　丽
王灵桂	王建沂	王春阳	王郦久	王洪起	王宪举	王　渊
文　炜	孔祥琇	石　岚	白明亮	冯玉芝	成　功	朱可人
刘　文	刘思彤	刘铨超	安国君	许文鸿	许烟华	孙钢宏
孙晓玲	苏　秦	杜荣友	李一鸣	李永全	李永庆	李垂发
李玲玲	李贵方	李润南	李嘉慧	余志和	宋　健	张　宁
张　敏	陈小明	邵诗洋	邵逸文	周由强	周　戎	周国长
庞亚楠	胡圣文	姜林晨	贺　颖	贾仁山	高子华	高宏然
唐岫敏	唐得阳	董　鹏	韩同飞	景　峰	程　稀	谢路军
翟文婧	熊友奇	鞠思佳				

支持单位：
中国社会科学院俄罗斯东欧中亚研究所
北京融商一带一路法律与商事服务中心

法律顾问：
北京德恒律师事务所

总　序

群星闪耀"一带一路"

"2100多年前,中国汉代的张骞肩负和平友好使命,两次出使中亚,开启了中国同中亚各国友好交往的大门,开辟出一条横贯东西、连接欧亚的丝绸之路。"①2013年9月7日,中国国家主席习近平在哈萨克斯坦纳扎尔巴耶夫大学发表演讲,以博古通今的睿智对大学生们娓娓道来丝绸之路古老而年轻的故事。

"我的家乡陕西,就位于古丝绸之路的起点。站在这里,回首历史,我仿佛听到了山间回荡的声声驼铃,看到了大漠飘飞的袅袅孤烟。这一切,让我感到十分亲切。哈萨克斯坦这片土地,是古丝绸之路经过的地方,曾经为沟通东西方文明,促进不同民族、不同文化相互交流和合作作出过重要贡献。

---

① 《习近平谈治国理政》,外文出版社,2014年10月第1版,第287页。

东西方使节、商队、游客、学者、工匠川流不息,沿途各国互通有无、互学互鉴,共同推动了人类文明进步。""不同种族、不同信仰、不同文化背景的国家完全可以共享和平、共同发展。这是古丝绸之路留给我们的宝贵启示","为了使我们欧亚各国经济联系更加紧密、相互合作更加深入、发展空间更加广阔,我们可以用创新的合作模式,共同建设'丝绸之路经济带'"。①推己及人,高瞻远瞩,引领时代,习主席在阿斯塔纳②通过哈萨克斯坦人民,首次向世界发出了让古老的丝路精神再次焕发青春和光彩的时代宣言。

2013年10月3日,习主席在印度尼西亚国会发表了题为《共同建设二十一世纪"海上丝绸之路"》的演讲:"东南亚地区自古以来就是'海上丝绸之路'的重要枢纽,中国愿同东盟国家加强海上合作,使用好中国政府设立的中国-东盟海上合作基金,发展好海洋合作伙伴关系,共同建设21世纪'海上丝绸之路'","发挥各自优势,实现多元共生、包容共进,共同造福于本地区人民和世界各国人民"。③这个倡议和9月7日的演讲异曲同工、

---

① 《习近平谈治国理政》,外文出版社,2014年10月第1版,第287页。
② 哈萨克斯坦新首都名称。
③ 同①,第293-295页。

遥相呼应、互为映衬，完整地提出了"丝绸之路经济带"和"21世纪海上丝绸之路"的宏伟构想。

从广袤的亚欧腹地哈萨克斯坦到风光旖旎的印度尼西亚，习主席提出的"丝绸之路经济带"和"21世纪海上丝绸之路"吸引了世界各国的目光。从2013年9月至2016年8月，习近平出访37个国家（亚洲18国、欧洲9国、非洲3国、拉美4国、大洋洲3国），对"一带一路"倡议的总体框架和基本内涵做了充分阐述。和平合作、开放包容、互鉴互学、互利共赢的丝路精神，共商、共建、共享的合作理念，驱散了"去全球化"的阴霾，为增长低迷的世界经济注入新的动能。各国纷纷将本国经济发展与中国政府制定的《推动共建丝绸之路经济带和21世纪海上丝绸之路的愿景与行动》规划相衔接。"一带一路"倡导的政策沟通、设施联通、贸易畅通、资金融通、民心相通等"五通"，正在以基础设施、经贸合作、产业投资、能源资源、金融支撑、人文交流、生态环保、海洋合作等为载体和依托，在全球掀起了投资兴业、互联互通、技术创新、产能合作的新势头。2016年中国牵头成立有57个成员国加入的亚洲基础设施投资银行（AIIB），2017年3月23日迎来13个新伙伴。孟加拉配电系统升级扩容项目、印尼全国棚户区改造项目、巴基斯坦国家高速公路项目和塔吉克斯坦杜尚别至乌兹别克斯坦道路改造项目已经获得亚投行金融支持,共商共建成为现实。

"一带一路"倡议得到国际社会的热烈响应。2016年11月17日,第71届联合国大会193个成员一致赞同,通过了第A/71/9号决议,欢迎"一带一路"倡议,敦促各国通过参与"一带一路",呼吁国际社会为开展"一带一路"建设提供安全保障环境。2017年3月17日,联合国安理会全票赞成,一致通过第2344号决议,呼吁国际社会凝聚援助阿富汗共识,通过"一带一路"建设等加强区域经济合作,敦促各方为"一带一路"建设提供安全保障环境。

2017年1月,习近平主席在联合国日内瓦总部发表题为《共同构建人类命运共同体》的重要演讲,全面深入系统阐述人类命运共同体重大理念,在国际上引起热烈反响,受到各方普遍欢迎和高度评价。3月23日,联合国人权理事会第34次会议通过关于"经济、社会、文化权利"和"粮食权"两个决议,决议明确表示要通过"一带一路"建设"构建人类命运共同体"。这是人类命运共同体重大理念首次载入人权理事会决议,标志着这一理念成为国际人权话语体系的重要组成部分。

"一带一路"不是中国的独角戏,是与亚、欧、非洲及世界各国共同奏响的交响乐。中国恪守联合国宪章的宗旨和原则,坚持开放合作、和谐包容、政策沟通,培育政治互信,建立合作共识,协调发展战略、促进贸易便利化及多边合作体制机制。中国携手100多个国家和地区,依托国际大通道,以陆上沿线中心城市为支撑,以重点经贸产业园区为合作平台,共同打造新亚欧大陆桥、中蒙俄、中国－中亚－西亚、中巴、孟中印缅、中国－中南半岛等国际经济合作走廊进展顺利,中欧班列在贸易畅通上动力强劲,风景亮丽;以海上重点港口为节点,共同建设通畅安全高效的运输通道,实现陆海路径的紧密关联和合作,太平洋、印度洋、大西洋上巨轮往来频繁,不亦乐乎。亚太经合组织、亚欧会议、大湄公河次区域合作等有关决议或文件,都体现了"一带一路"建设内容。丝路基金、开发性金融、供应链金融汇聚全球财富,建设绿色、健康、智慧与和平的丝绸之路,增进各国民众福祉。

"一带一路"是人类历史上从未有过的恢弘蓝图,也是横跨亚非欧连接世界各国的暖心红线。"丝绸之路经济带"包括中国经中亚、俄罗斯至欧洲(波罗的海),中国经中亚、西亚至波斯湾、地中海,中国至东南亚、南亚、印度洋;"21世纪海上丝绸之路"包括从中国沿海港口过南海到印度洋再延伸至欧洲和到南太平洋。一路驼铃声声、舟楫相望,互通有无、友好交往。

在新的时代,在创新古老丝路精神的伟大进程中,习主席专门缅怀丝路开拓者,特意致敬古丝路精神奠基人:"我们的祖先在大漠戈壁上'驰命走驿,不绝于时月',在汪洋大海中'云帆高张,昼夜星驰',走在了古代世界各民族友好交往的前列。甘英、郑和、伊本·白图泰是我们熟悉的中阿交流友好使者。丝绸之路把中国的造纸术、火药、印刷术、指南针经阿拉伯地区传播到欧洲,又把阿拉伯的天文、历法、医药介绍到中国,在文明交流互鉴史上写下了重要篇章。千百年来,丝绸之路承载的和平合作、开放包容、互学互鉴、互利共赢精神薪火相传。"①这种吃水不忘挖井人的情怀,再次展现了中华民族不忘历史、纪念先贤、展望未来的优秀文化基因,也为中国传记文学学会参加"一带一路"建设指明了方向和道路。

在古老的丝绸之路上,我们不曾相忘:张骞出使西域到过的哈萨克斯坦,山高水长的好邻居巴基斯坦,双头鹰下横跨欧亚之国俄罗斯,草原之国蒙

---

① 习近平:《弘扬丝路精神,深化中阿合作》,2014年6月5日,习近平在中—阿合作论坛第六届部长级会议开幕式上的讲话,《人民日报》6月6日第1版。

古,喜马拉雅浮世天堂尼泊尔,菩提恒河保佑之国印度,文化瑰宝伊朗,首创法典之国伊拉克,红海门户之国也门,石油王国沙特阿拉伯,波斯湾明珠巴林,雪松之国黎巴嫩,海湾之秀科威特,沙漠之巅阿联酋,半岛明珠之国卡塔尔,波斯湾霍尔木兹海峡守门人阿曼,万湖之国白俄罗斯,欧亚十字路口土耳其,流着奶和蜜之地以色列,欧洲粮仓乌克兰,亚平宁半岛上的文化巅峰意大利,阿尔卑斯之巅的瑞士,玫瑰之国保加利亚,与灵魂对话的思辨之国德意志,欧洲文化殿堂法兰西,欧洲客厅比利时,郁金香之国荷兰,热情如火的西班牙,还有正在脱欧的绅士国度英国,北非金字塔之国埃及,非洲屋脊奉马蹄莲为国花的埃塞俄比亚,香草大岛之国马达加斯加,等等。

沿着海上丝绸之路,我们会领略丛林花园之国马来西亚,花园国度新加坡,千岛之国菲律宾,赤道翡翠之国印度尼西亚;沿澜沧江一路南下,我们不曾相忘澜湄泽润之国越南,千佛之国泰国,高棉的微笑之国柬埔寨,万象之都老挝,印度洋上明珠之国斯里兰卡,印度洋上的明星和钥匙毛里求斯,堆金积玉之国文莱,追求自由之国东帝汶,印度洋世外桃源马尔代夫,骑在羊背上的国家澳大利亚,上帝的后花园新西兰,等等。

"一带一路"沿线国家里，那些千百年来影响了人类与国家、民族命运并与中国曾经有过交往的古今人物，至今还能在教科书、影视剧里看到他们，还能感受到他们在一代一代年轻人身上所生发的影响和魅力。

当然，对于中国人来说，更为熟悉的是丝绸之路的开拓者。曾记否？丝绸之路开拓者中，有汉武帝和他的使节们，有首开大唐盛世的唐太宗及其无数臣民，有再续睦邻通商航海路的宋祖朝廷和无数先贤，还有金戈铁马风漫卷的元代人物，一统江山万里帆的明代人物，环球凉热自清浊的清代人物，东西碰撞溅火花的近代人物，还有经受风雨变迁、勇立海国之志的现代人物，更有丝路明珠敦煌莫高窟的守护者，卫国助邻的将军和通司中外的外交家们。当然，数风流人物，还看今朝，我们不能不浓墨重彩地讴歌那些智通商海，投身到新丝路建设中的当代人物。

耕云播雨，香火延续，智慧传承，历史再续！2100多年的友好交往历史从未隔断，惠及三大洲的中西交通从未停歇，21世纪的"中国梦"和"世界梦"汇成了人类命运共同体的时代和弦，响彻在"一带一路"辽阔的长空。也正因如此，2017年5月，北京喜迎来自"一带一路"相关国家的元首、政府首脑、前政要、知名企业家和专家学者等各界代表，以及国际组织的负责人等千名领袖，出席"'一带一路'国际合作高峰论坛"。"千人盛会"共襄"团结互信、平等互利、包容互鉴、合作共赢"[①]之盛举，共商"沿线各国共同把蛋糕做大，一起分蛋糕"之合作共赢大计。这是中华民族和世界历史上都应该铭记的大日子。

  以人物传记写作为己任的中国传记文学学会，在"一带一路"倡议实施中，肩负"讲好一带一路民心相通好故事"的使命和责任，这也是国家赋予我们的根本职责和任务。在中国文学艺术界联合会的领导下，在中国社会科学院国家全球战略智库指导下，中国传记文学学会以赤诚的家国情怀、强烈的时代精神、为人传记的责任担当，在认真调研、周密谋划、精心组织基础上，毅然决定倾注全力组织编写出版"'一带一路'列国人物传系"。此煌煌百卷传系讲述近千名各国人物故事，集数百位专家作家尽心挥毫，去冬今春，夜以继日……幸得中国出版集团公司华文出版社出版发行。于是，各位读者得以读到手中的这套活泼而不失厚重、有趣而不失学养的列国人物合传书卷。

[①] 习近平：《弘扬人民友谊，共创美好未来》，2013年9月7日，习近平主席在哈萨克斯坦纳扎尔巴耶夫大学的演讲。

孔子曰:"仁者,人也。"让各国的先贤智者的思想光辉,照亮我们探索人类未来的道路。

传记明志,落笔为文,是为总序。

中国传记文学学会会长
"'一带一路'列国人物传系"编委会总主编
王丽 博士
2018年3月8日

General Editor's Preface

The Belt and Road Initiative was conceived in 2013. On September 7, 2013, Chinese President Xi Jinping proposed for the first time the blueprint in a speech at Nazarbayev University during his visit to Kazakhstan:

> Over 2,100 years ago during China's Han Dynasty, a Chinese imperial envoy Zhang Qian visited Central Asia twice to open the door to friendly contacts between China and Central Asian countries as well as the transcontinental Silk Road linking East and West, Asia and Europe.
>
> Shaanxi, my home province, is right at the starting point of the ancient Silk Road. Today, as I stand here and look back into history, I could almost hear the camel bells ringing in the mountains and see the wisps of smoke rising

from the desert. It has brought me close to the place I am visiting. Sitting on the ancient Silk Road, Kazakhstan has made important contributions to the exchanges and cooperation between different nations and cultures. This land has witnessed a steady stream of envoys, caravans, travelers, scholars and artisans traveling between the East and the West. The exchanges and mutual learning thus made possible have contributed to the progress of human civilization.

... Countries with differences in race, belief and cultural background are fully capable of sharing peace and development. This is the valuable inspiration we have drawn from the ancient Silk Road.

... To forge closer economic ties, deepen cooperation and expand development opportunities between Eurasian countries, we should innovate the mode of cooperation and jointly build an "economic belt along the Silk Road".① Considering the interests of the world commnity, taking a broad and long view and leading the new era, in Astana, President Xi, through the people of Kazakhstan, for the first time issued a declaration to the world that the old Silk Road

---

① Xi Jinping, *The Governance of China* (Beijing: Foreign Languages Press, 2014) 287.

spirit would once again be rejuvenated and radiant.

On October 3, 2013, President Xi brought up this topic again in his address to the Indonesian Parliament under the title "Jointly Building the 21st Century Maritime Silk Road":

> Southeast Asia has since ancient times been an important hub along the ancient Maritime Silk Road. China will strengthen maritime cooperation with ASEAN countries to make good use of the China-ASEAN Maritime Cooperation Fund set up by the Chinese government and vigorously develop maritime partnership in a joint effort to build the Maritime Silk Road of the 21st century. China is ready to expand its practical cooperation with ASEAN countries across the board, supplying each other's needs and complementing each other's strengths, with a view to jointly seizing opportunities and meeting challenges for the benefit of common development and prosperity.[①]

The two talks framed the full picture of the

[①] Xi Jinping, *The Governance of China* (Beijing: Foreign Languages Press, 2014) 293-295.

conceptual "Silk Road Economic Belt" and the "21st Century Maritime Silk Road", which are collectively referred to as "The Belt and Road Initiative". Between September 2013 and August 2016, President Xi visited 37 countries (18 in Asia, 9 in Europe, 3 in Africa, 4 in Latin America and 3 in Oceania), giving a full exposition of the Belt and Road Initiative, from its overall framework to various details. The milieus of peaceful and all-win cooperation, financial integration, trade liberalization, and people-to-people bonds dispel the haze of anti-globalization and inject new vitality to the stagnant world economy.

  The Belt and Road Initiative has been received with global enthusiasm. On November 17, 2016, all 193 member states of the United Nations unanimously passed the Resolution No. A/71/9 during the 71st Session of the United Nations General Assembly. This resolution endorsed China's Belt and Road Initiative, encouraged UN member countries to participate in the Initiative, and urged the international community to provide a safe environment for the implementation of the Initiative.

  The Belt and Road Initiative is not a solo of China, but a symphony of countries from Asia, Europe, Africa and the rest of the world. By observing the Charter of the United Nations, China adheres to openness and cooperation, harmony and inclusiveness as well as policy coordination in order to bolster mutual political trust, reach cooperation consensus, coordinate development strategies, facilitate trade, and introduce multilateral cooperation mechanisms. China has established partnerships with over 100 countries and international organizations with the goal of jointly building a new Eurasian Land Bridge and developing China–Mongolia–Russia, China–Central Asia–West Asia, China–Pakistan, Bangladesh–China–India–Burma, and China–Indochina Peninsula economic corridors by taking advantage of international transport routes, relying on core cities along the Belt and Road and using key economic industrial parks as cooperation platforms. At sea, the Initiative will focus on jointly building smooth, secure and efficient transport routes connecting major sea ports along the Belt and Road, so as to achieve a closer connection and cooperation between land and sea routes, with the Pacific, Indian and Atlantic Oceans frequented by ships and vessels. Meanwhile, the Asia-Pacific Economic Cooperation

(APEC), the Asia-Europe Meeting (ASEM), the Greater Mekong Subregion (GMS) Economic Cooperation and many other regional cooperation mechanisms have included the Belt and Road Initiative in their relevant resolutions and documents.

We shall never forget the countries along the ancient Silk Road: Kazakhstan, the country visited by the Han Dynasty imperial envoy Zhang Qian; Pakistan, China's friendly neighbor bound by mountains and rivers; Russia, a country symbolized by a double headed eagle; Mongolia, the prairie country; Nepal, the paradise on the Himalayas; India, a land blessed by the holy river Ganges; Iran, a country full of cultural treasures; Iraq, the country where the famous *Code of Hammurabi* originates from; Yemen, the gate to the Red Sea; Saudi Arabia, the kingdom of petroleum; Bahrain, the pearl of the Persian Gulf; Lebanon, a country of cedars; Kuwait, a rising star of the Persian Gulf; United Arab Emirates, a diamond on the desert; Qatar, a gem on the Arabian Peninsula; Oman, the gatekeeper of the Hormuz Strait; Byelorussia, a country with myriad lakes; Turkey, the center of the crossroads of Eurasia; Israel, a country full of milk and honey; Ukraine, the granary of Europe;

Italy, the pinnacle of culture on the Apennine Peninsula; Switzerland, a country in the Alps; Bulgaria, the land of roses; Germany, a home to great minds; France, the cultural palace of Europe; Belgium, the drawing room of Europe; the Netherlands, a garden of tulips; Spain, the land of passion; United Kingdom, the country of gentlemen which is breaking from the EU; Egypt, a country of pyramids in North Africa; Ethiopia, the roof of Africa whose national flower is Calla Lily; Madagascar, the island nation where vanilla grows, and so on.

The Maritime Silk Road links Malaysia, a country of forests and gardens; Singapore, the flowery country; the Philippines, the country of a myriad of islands; and Indonesia, the emerald of the equator. Along the Lantsang River down to the south, we will pass Vietnam, the land nourished by the Mekong River; Thailand, a country of thousands of Buddhist temples; Cambodia, the home to Khmer smiles; Laos, the land of a million elephants; Sri Lanka, a bright pearl in the India Ocean; Mauritius, the shining star and key of the Indian Ocean; Brunei, a kingdom of gold and green; East Timor, a nation of independence; Maldives, a paradise in the India Ocean; Australia, the nation riding on the sheep's back; New

Zealand, the back garden of God, and so forth.

In the countries along the Belt and Road, names of distinguished figures, ancient or modern, who have affected the destiny of mankind, who have rewritten the history of nations, and who have had contacts with China, can still be found in today's textbooks, films and TV shows. We can still feel their enduring influence and charm on generations of young people.

Of course, for the Chinese people, the pioneers of the ancient Silk Road are more familiar. Yet, those who have devoted themselves to the building of the new Silk Road equally deserve our respect. In May 2017 during the Belt and Road Forum for International Cooperation, Beijing welcomed thousands of guests from around the world, including heads of state, heads of government, former politicians, business leaders, experts, scholars, and principals of international organizations. They gathered together in the common spirit of solidarity and mutual trust, equality and mutual benefit, inclusiveness and mutual learning, and win-win cooperation, to discuss how countries along the Belt and Road can work together to make the "pie" bigger and shared by all for mutual benefit.[①] This is a big day that should be remembered as a landmark in the history of the Chinese nation and the world.

The Biography Society of China, which makes it its mission to promote biography writing, shoulders the task and responsibility of telling well the stories of friendly exchanges among people of countries along the Belt and Road. This is also the fundamental duty and task assigned to us by our nation. Therefore, through careful investigation and passionate planning, the Biography Society of China decided to publish a hundred-volume series titled *Remarkable Lives Along the Belt and Road*. This project receives support from the China Federation of Literary and Art Circles and guidance from the National Institute of International Strategy of Chinese Academy of Social Sciences. From last winter till this spring, hundreds of experts were working around the clock on the biographies of a thousand remarkable lives. Here the series is presented to you.

As Confucius said, "Humanity is of humans". Let the lights of those great minds and lives illuminate our future

---

① Xi Jinping, "Promote People-to-People Friendship and Create a Better Future", Speech delivered at the Nazarbayev University, Kazakhstan, September 7, 2013.

path of exploration.

Comments, criticism and suggestions will all be appreciated.

Dr. Wang Li
Chairwoman:
The Biography Society of China
General Editor:
Remarkable Lives Along the Belt and Road
March 8, 2018

目 录

引言 ……………………………………………… 1

一、崭露头角：一代君王的青葱岁月 ………… 9
  1. 济世安民出少年 …………………………… 9
  2. 助父谋划成大业 …………………………… 14
  3. 晋阳起兵举反旗 …………………………… 20
  4. 天下归唐定大局 …………………………… 22

二、马上乾坤：玄武门逆转大势 ……………… 35
  1. 木秀于林遭人妒 …………………………… 35
  2. 剑拔弩张玄武门 …………………………… 48
  3. 大度容忠义之士 …………………………… 61
  4. 踌躇满志登大宝 …………………………… 70

三、贞观之治，开启大唐荣耀 ………………… 80
  1. 德治为主定天下 …………………………… 80

  2. 修订《贞观律》 …………………………… 85
  3. 慎选地方官 ………………………………… 90

四、武定四方，保境安民拓丝路 ……………… 96
  1. 大展君威，卧薪尝胆定突厥 ……………… 96
  2. 平定吐谷浑，重开丝绸之路 …………… 118
  3. 再通丝路，扫平高昌 …………………… 126

五、居安思危，成就一代英主 ………………… 132
  1. 虚怀若谷，奖励臣下直谏 ……………… 132
  2. 魏徵论治，君臣切磋传佳话 …………… 136
  3. 以古为镜，善鉴前代经验 ……………… 149

六、晚年贪心，东宫之乱多遗憾 ……………… 156
  1. 太子醉酒，皇后离世 …………………… 156
  2. 西征高昌，废黜太子 …………………… 164
  3. 贪天之功，兵征高丽 …………………… 194

七、君临万方，兴丝路开盛世 ………………… 220
  1. 唐初期的外交机构和对外通好 ………… 220
  2. 唐太宗时期的贸易与丝路通道 ………… 228
  3. 唐蕃友好的主角：文成公主 …………… 234
  4. 丝绸之路丈量者：唐玄奘 ……………… 240

5. 盛唐的丝绸与瓷器贸易 …………………… 250

6. 西域音乐传入与中外杂技交流 …………… 257

后 记 ……………………………………… 262

Contents

Introduction / 1

Rising to Prominence at a Young Age / 9

Seizing the Throne in the Xuanwu Gate Coup / 35

Securing Domestic Peace and Prosperity through Virtuous Rule / 80

Defending the Nation from External Threats and Reopening the Silk Road / 96

Preparing the Country for Possible Challenges in Times of Peace / 132

Idealistic Ambitions and Bitter Regret in His Final Years / 156

Immense International Prestige through

Genial Diplomacy / 220

Afterword / 262

引言

说起"唐人街"一词,我们的思绪一定会定格在唐代,"唐人街"就是指我国华侨聚居的地方。说到唐朝,每一个中华儿女的心中一定会瞬间备感骄傲与自豪。毋庸讳言,唐代,是中国历史上的一个强盛时代。承启隋代的"开皇之治",唐代的"贞观之治"和"开元盛世",是这一鼎盛时期对外交往中最亮丽的名片。

唐代,结束了隋朝末年动乱割据的局面,全国统一,政局稳定,中央集权的政治制度更趋于完善。唐太宗李世民统治下的中国,东临浩渺的大海,西北有无涯的草原、茫茫的大漠、茂密的森林，他的功业可与秦皇、汉武媲美。

唐太宗对内"民主"，对外"开放"，天下万国拥戴长安，各地的人们蜂拥而来，又从这里走向世界各地！唐太宗的大唐帝国是名副其实的"中央大国"！这里的政治、经济和文化的繁荣所带来的巨大影响，弥漫世界。如今在世界各地还有唐人街、唐人庙……还有那伸向无垠大漠和辽远海洋的唐代丝绸之路的遗迹，人们还能窥见唐代治世盛极一时的靓影。

李世民（598—649），陇西武功县，唐朝开国皇帝李渊的第二子，唐朝的第二位皇帝，史称"唐太宗"，他开创了"贞观之治"的盛况，堪称中国古代杰出的政治家、军事家与诗人。

少年时代的李世民便足智多谋，年纪轻轻便从了军，率领部下先后平定薛仁杲、王世充等势力，为唐朝的建立与统一立下大功。李世民在位期间，在朝廷上虚心听取群臣意见，知人善任，他还注重劝课农桑，让百姓能休养生息，因此呈现出一派国泰民安、社会安定的繁荣景象，开创了中国历史上著名的"贞观之治"。唐太宗还积极拓宽疆土，平定东突厥、薛延陀等部落，攻灭高昌、龟兹、吐谷浑，设立安西四镇，成功地扩大了唐朝疆域，被各族人民尊称为"天可汗"，为后来唐朝100多年的盛世奠定重要基础。649年7月10日，李世民在含风殿病逝，享年51岁，在位23年，庙号太宗，葬于昭陵。

纵观唐太宗李世民的一生，大唐初期"贞观之治"的出现和唐太宗勇于纳谏、善于用人密不可分。唐太宗认为，人君即使是"圣哲"，也应当虚己以待人，这样才能使"智者献其谋，勇者竭其力"。因此，他特别重视纳谏。

唐太宗善于用人。他说："为政之要，惟在得人。"（《贞观政要·卷七》）他经常和大臣讨论用人问题，说："为官择人，不可造次。用一君子，则君子皆至；用一小人，则小人竞进矣。"（《资治通鉴》中唐太宗引用司马迁的话）为了从地主阶级中广泛征求人才，他进一步完善了隋代创立的科举制。这有利于打破士族地主对仕途的垄断，扩大统治基础。他还注意从官员的政绩中发现人才。他听说景州（今河北省景县）录事参军张玄素很有才干，便亲自召见，问以治国之道。张玄素对答如流，太宗便破格提拔，让他当了侍御史。当时，中郎将何常上书唐太宗，写了20多条建议。太宗看了十分欣赏，夸奖何常。何常说："这是我家一个叫马周的门客写的。"太宗立即召见马周，谈了一席话之后，发现他是个治国人才，就让他当了监御史，后来马周还当了宰相。

唐太宗用人的另一个特点是"外举不避仇，内举不避亲"（《吕氏春秋》），从各方面搜罗人才。魏徵出身农民，当过道士，追随过李密、窦建德，后来又当了太子李建成的谋士，曾参与策划消灭秦王李世民的行动。太宗掌权后，不计前仇，提拔他为谏议大夫。原建成手下的王珪、薛万彻也得到重用。对此，原秦王府的一些人想不通，发了一些牢骚。太宗听到后说："朝廷设置官吏，是为了治理国家，应该选拔贤才，怎能拿过去的事做选人标准呢？如果新来的人有才能、老的没才能，就不能排斥新的、任用老的。"在他的手下，有秦王府的旧部，如房玄龄、杜如晦、长孙无忌等；也有建成的部下，如魏徵、薛万彻；有降将，如尉迟敬德；也有农民起义的将领，如李勣、程咬金、秦叔宝等。对待少数民族的人才，他也一视同仁，委以重任。

唐太宗不仅重视京官，也重视外职的选拔。他认为，都督、刺史都是亲民之官，"实理乱所系，尤须得人"。他把全国各州刺史的姓名都写在屏风上，随时记下他们的善恶事迹，以备赏罚。贞观八年（634），唐太宗还派李靖等13人为黜陟大使，到全国各地巡查，对有功的官员予以升迁，对贪污失职的官员加以惩罚。

唐太宗进一步完善了三省六部制，加强了专制主义的中央集权。为了节省开支，提高行政效率，唐太宗注意精简机构。唐初，沿袭隋朝旧制，朝廷官员有2500多人。太宗即位后，认为任用官员主要看他是不是贤才，"若得其善者，虽少亦足矣"。他精简机构，裁撤冗员,最后确定朝廷编制为643人,对地方也采取了合并州县、缩减吏员的办法。这样,不仅提高了办事效率,也节省了国家大量开支。

唐太宗加强法制,限制贵族官僚恣意横行。他认为,赏与罚是国家大事,倘若被赏的人是有功之人,无功者自然后退;犯罪的人及时受到惩罚,那些作恶的人就能悬崖勒马。为了明确赏罚标准,他命长孙无忌、房玄龄制定了《贞观律》和《唐律疏议》。这是我国封建社会立法的典范,刑罚比隋律大大减轻。

法律贯彻得好坏,关键在于皇帝的态度。正如魏徵引用《论语》所讲:"居人上者,其身正,不令则行;其身不正,虽令不行。"如果皇帝不以身作则,臣下也难以奉公守法。唐太宗吸取隋亡教训,执法较严,违法必究,亲戚功臣、家属子女也不例外。所以贞观时期,法律执行得比较认真。"官吏有枉法者必无赦免",贪赃者皆"置以重法"。因此,"官吏多自清谨""王公妃主之家,大姓豪猾之伍,皆畏威屏迹,无敢侵夺细人"。这对唐初封建制度的巩固起了相当大的作用。

唐太宗认为,"为君之道,必须先存百姓"(《贞观政要·卷一》),"凡事皆需务本,国以人为本,人以衣食为本。凡营衣食,以不失时为本"(《贞观政要·务农》)。他明确认识到国以民为本的核心问题是衣食问题、生产问题。于是,唐太宗采取了"去奢省费,轻徭薄赋""使民衣食有余"的经济政策。

唐初继续推行北魏以来的均田制,以保证土地和劳力的结合。赋役制度则有重大改革,允许农民纳绢代役,这就保证了农民不误农时。这些措施有利于生产的发展。

唐太宗多次颁布减免全国或部分地区赋役的法令,并用免除几年赋役的办法,招徕逃亡农民回归农业生产。唐太宗招抚流亡的政策收到良好效果。仅贞观三年(629),流亡在唐境以外的百姓和少数民族内附的人口就有120万之多。此外,唐太宗还注意增加户口,曾下诏奖励婚姻,地方官能使婚配及时、鳏寡减少者,给予奖励。

唐太宗还十分重视备荒和救荒。贞观二年(628),他根据臣下建议,参考隋朝社仓制度,下令州县普置义仓,专门用来备荒,不许他用。从贞观元年(627)到贞观三年(629),关东、关中各地连续发生严重的自然灾害,关中灾情最重,灾民有卖儿卖女的。唐太宗立即命令灾区开仓救济,并准许灾民到非灾区就食。贞观二年(628),唐太宗还下令拿出御府金帛,赎回因灾荒卖掉的子女,令归还其父母。

武德、贞观之际,对唐朝威胁最大的是突厥和吐谷浑。边境地区人民经常遭到两族军队的蹂躏。贞观二年(628)冬,唐太宗派遣李靖、李勣率军10多万人，分道出击突厥，最终俘获颉利可汗，消灭了东突厥。贞观八年（634），唐太宗调军大举进攻吐谷浑，追击千余里。吐谷浑可汗伏允为部下所杀，其子慕容顺降唐，从而解除了吐谷浑对河西走廊的威胁。贞观十四年（640），唐太宗派遣侯君集率军远袭高昌，高昌王麴智盛被迫投降，唐以其地置西州，以其附近的可汗浮图城（今新疆维吾尔自治区吉木萨尔县）置庭州。贞观二十年（646），唐军歼灭了北边的强敌薛延陀，声震漠北。两年后又击败龟兹，移安西都护府于龟兹，统辖龟兹、于阗、疏勒、碎叶四镇。在西南，战胜"松外诸蛮"，收降70余部。唐太宗这几次重大胜利，基本上消除了边患。

对少数民族，唐太宗主要是采取以恩惠抚和为主的羁縻政策。他说："自古皆贵中华，贱夷狄，朕独爱之如一，故其种落皆依朕如父母。"唐太宗对于依附的各族，一般不改变其生产方式、社会制度和风俗习惯，多用加封各族首领为都督、刺史的形式，让他们继续统辖本族，在经济上基本上不征赋税，并时常给各族贵族大量赏赐。为了安定北边的各族，唐太宗还亲到2000多里外的灵州会见各族的使者几千人，被尊奉为"天可汗"。吐蕃赞普松赞干布多次向唐求婚，唐太宗于贞观十五年（641）将宗室女文成公主嫁给他，奠定了汉藏两族友好关系。许多少数民族的人长期居住在长安，仅突厥贵族就有1万多家，不少人在唐朝担任了高级官职。当时"大小君长争遣使入朝见，道路不绝。每元正朝贺，常数百千人"（《资治通鉴·唐纪十四》），长安城成了各族彼此交往的中心。唐太宗这种和缓的、开明的民族政策，促进了各族的和睦与融合。

正是以上这些做法，成就了李世民，成就了大唐荣耀，使其成为中国封建历史上一位比较善于学习历史经验、具有开明思想和政治远识的杰出帝王。大唐是个开放的国度，这是国力殷实的自信表现，可以说，唐朝，是一个承上启下的伟大时代，在唐朝，丝绸之路的车船声不绝于耳，国内外往来使者的足迹遍布世界。这一时期，国家富强，社会繁荣，对外交流的官使、僧侣、学者、探险家不计其数，不论是唐朝官方使臣，还是随员以及非官方的旅行家、僧侣等，都为唐朝的外交和丝绸之路的发展作出了非凡的贡献。

唐朝凭借中华文化和强大的国力，使四方来朝，诸蕃进贡，唐政府也不断派使臣诏谕于外，频繁出访建交国家。这使得大唐的文化登上了中国封建社会的最高峰，它不仅影响到亚洲文明的发展，而且促进了西方乃至世界文明的进步。

历史不能忘记，历史让我们铭记，让我们记住这位一代伟人的名字——唐太宗李世民！

一、崭露头角：一代君王的青葱岁月

1. 济世安民出少年

隋王朝自开皇九年（589）文帝杨坚统一全国，结束了自东汉末年以来的分裂割据状况，开创了一个相对和平安定的新局面。隋文帝杨坚在位期间，"躬节俭，平徭役，仓廪实，法令行，君子咸乐其生，小人各安其业，强无陵（凌）弱，众不暴寡，人物殷阜，朝野欢娱"（《隋书》）。特别是隋王朝在短短的几十年间，储备了极为丰富的粮食，成为历史上储粮最多的富强王朝之一。

隋朝在文帝、炀帝时建立了许多粮仓，规模都很大，储存了丰富的粮食、物资，巩固了统治阶层的政权。但富足的粮食也是建立在对百姓的搜刮之上的,隋朝的赋税极其沉重,人民的生活并不富裕,甚至还很贫穷。

隋炀帝在位时,生活极度奢侈,尤其喜好大兴土木。为了建造东都洛阳,他令百姓服役,服役人数有600万之多,其中还有九旬老人。南巡时,在长安至江都段共建造行宫40多所。而开凿大运河,更是历时6年。大业元年(605)三月,役使河南、淮北诸郡男丁100多万开凿通济渠,同月役使淮南数十万人开凿邗沟;大业四年(608)正月,令河北各郡壮丁百万人开凿永济渠,又役使妇女无数加入凿渠当中。接连不断的徭役,使百姓苦不堪言,不计其数的人惨死在工地上,农民的生产遭到破坏,生命受到威胁,加上隋炀帝又发动3次辽东之战,赋役沉重,最终导致了隋末农民大起义的爆发。

炀帝发动第一次对辽战争时,征调了大量山东、河北地区的农民,使得生产停滞,田地荒芜,粮价飞涨,饿殍遍野,广大农民不得不起义反抗。

这时,朝廷内部也发生了严重的分裂,礼部尚书杨玄感在黎阳(今河南省浚县东南)起兵造反,但很快被朝廷击溃。

随着农民起义很快遍及全国,隋政权也在很快地分化,各地纷纷举起反隋大旗。从大业十二年年底(617年初)至大业十三年(617)十月,不到一年的时间,幽州、东平郡、朔方、马邑、金城、武威、巴陵7个地方起兵反隋，他们的身份有封建军阀、地方豪族、关陇贵族后裔及南朝覆灭政权的子孙，这说明隋朝统治阶层内部已经分崩离析。

而这一时期，李渊父子还在隋朝廷里为统治阶层服务，面对在这场政治运动中摇摇欲坠的隋王朝，他们心里开始盘算自己的前途，是继续维护隋朝还是倒戈相向，而历史又会推动他做出什么选择（参见李金水主编，程桐著：《唐太宗李世民全传》，企业管理出版社2012年版）。

李唐皇室自称是老子的后裔，传说中有这样一个故事：武德三年（620）五月，有一位晋州人名叫吉善，他上书给皇帝说，他在羊角山遇到一位骑着红鬃白马的老人，样貌威严地对他说："谓吾语唐天子，'吾汝祖也，今年平贼后，子孙享国千岁。'"（《唐会要·尊崇道教》）这个老人就是老子李耳，李渊听后在当地为他建庙祭祀，附会为老子的后裔，抬高自家门第。

据考究，李姓出自嬴姓，其始祖为五帝之一的颛顼。颛顼的重孙皋陶及皋陶的子孙在舜、夏、商时期均担任大理（主管刑法）之职，以官命族，称为理氏。到了商纣时期，理征因罪被纣王所杀，他的妻子和儿子在逃亡途中以木子（树籽）充饥，终于保住了性命，后改为李姓。

李渊将自己归为西凉武昭王李暠的后裔。李暠次子李歆为西凉后主,李歆三子李重耳投奔南朝刘宋,后又降魏,并献出城池入朝为官。李重耳之子李熙迁居武川做官,李熙仅生李天赐一子,李天赐生三子,其次子李虎又生李昞,李昞生李渊【参见杜文玉著:《唐代宫廷史(下)》,百花文艺出版社2010年版】。

但这份出于唐代官修史书的记载并不准确,李重耳在亡国后并未南投刘宋,而李熙以来的世系情况基本真实,唯有其迁居武川的说法没有依据。因李唐自称西凉李暠后裔,史上便视其为陇西李氏。

北周天和元年(566),李渊出生。建德元年(572),李昞去世,年仅7岁的少年李渊就袭封了唐国公的爵位。李渊的祖父李虎曾是关陇集团的八大柱国(柱国,为春秋战国时楚国所设立,意为军队的高级统帅,两汉时取消,宇文泰再兴西魏时又重新设立)大将军之一。关陇集团是一个政治军事集团,李渊也是其成员,他武功出众,尤其擅长弓马。

开皇十七年(598)十二月,李世民出生。据说他出生时有三条龙在他家门外盘旋三日才离开;他4岁时又有看相的人说他"龙凤之姿,天日之表,年将二十,必能济世安民矣",便取名李世民。这些当然都是为了神化李世民而杜撰的,不过他的名字的确有"济世安民"之意。

李世民的母亲窦氏擅长书法，模仿李渊的笔迹几可乱真，文笔也很好，自幼受其影响的李世民也喜爱书法。窦氏去世后，李世民常常因怀念母亲痛哭流涕。

李氏家族自李熙迁居西北后，世代均为武将。李世民从小就习练弓马，他曾回忆说："朕少好弓矢，自谓能尽其妙。"又说："朕少尚威武，不精学业，先王之道，茫茫涉海。"（唐

唐太宗——李世民

太宗《答魏徵上》）这说明李世民少时便善骑射，骁勇强悍。武德时的重臣陈叔达说秦王性情刚烈，这是李世民真实性格的反映。

大业九年（613），13岁的长孙氏嫁给李世民。长孙氏是河南洛阳人，其父长孙晟是隋右骁卫将军，英年早逝。长孙氏和其兄长孙无忌由舅父高士廉抚养长大，高氏是渤海著名的高门右姓，高士廉本人也学识渊博，素有才望。长孙氏从小就知书达礼，她嫁到李氏家族，也将渤海高氏这样的大士族拉入了关陇集团

之中（参见徐亮之著：《一代雄才李世民》，河洛图书出版社1978年版）。

2. 助父谋划成大业

大业十一年（615）四月，隋炀帝任命李渊为山西、河东抚慰大使，李渊携家眷前往河东赴任。八月，隋炀帝巡视北部边境时，遭到突厥始毕可汗数十万骑兵围攻。突厥是北方的一个强大少数民族，西魏时期逐渐强大起来，占领了东至辽海，西至西海，南到阿姆河，北至北海（今贝加尔湖）的广大地域，隋朝初期分裂为东西突厥。隋末时期，东突厥利用混乱的政治局面又强盛起来。隋炀帝被围困在雁门，雁门郡共有41座城，被突厥攻占了39座，只有雁门和崞县没被破，城内有军民15万人，存的粮食仅够吃半月，大臣樊子盖建议守城征四方兵来援，17岁的李世民应征入伍。经过分析，李世民向将军云定兴提出自己的见解：始毕可汗举全国之兵围困天子，认定我们后无援兵，只要我们做出势态让突厥兵以为我们有援兵，他们肯定方寸大乱。云定兴采纳了这一策略，果然使突厥撤兵而逃。通过这件事，李世民的军事才华慢慢展露出来（参见李大华著：《李世民》，东方出版社2011年版）。

李渊做山西、河东抚慰大使的一个重要任务就是镇压地方起义军。李渊经过龙门时击溃了毋端儿几千名起义军,而史书上并没有记载李世民是否参与其中。

大业十二年(616),李渊任太原道安抚大使,后又升任太原留守。任职期间,李渊一直将李世民带在身边,将其他子女都安置在河东,这大概与李世民的军事能力有关吧。

李世民参与镇压了太原的甄翟儿部起义军。大业十一年(615)二月,魏刀儿领导的起义军已近10万人,自称"历山飞"。第二年,魏刀儿派遣将领甄翟儿袭击太原,打死隋朝将领潘长。李渊率兵征讨,双方在西河郡永安县雀鼠谷激战,李渊以五六千的步骑战胜了拥兵两万的甄翟儿部起义军。

李渊

李世民站在贵族子弟的立场镇压农民起义是很正常的事,但是他很快领悟到,天下之乱单靠镇压是行不通的。

当时,李世民结交了许多有志之士,其中不乏英雄豪杰。例如长孙顺德，他是李世民岳父长孙晟的族弟，他很有才华，为避徭役来到太原，李世民很敬重他；刘弘基是个四海为家的侠士，后来流浪到太原，和李世民成了一见如故的好朋友；窦琮也是因落难流浪到了太原，与李世民有过过节，后来因李世民的胸怀坦荡而尽释前嫌，倾心相交。

在李渊留守太原时，他们父子走进了一个叫刘文静的人的视线中。刘文静原为晋阳令，长相俊秀，有智慧、善谋略，时时准备投靠"真命天子"。通过一段时间的观察，他觉得李渊以后定有大作为，便和李渊交往。

在与李渊的交往中，刘文静发现李世民的能力和见识远过于常人，对李世民颇为欣赏。他曾对晋阳宫副监裴寂说："李世民非常人也。宽容大度类似于汉高祖，英明神武同于魏武帝（曹操），他年纪虽然轻，却有天纵之才。"（参见李金水主编，程桐著：《唐太宗李世民全传》，企业管理出版社2012年版）

不久，刘文静因是瓦岗军首领李密的姻亲被牵连入狱。李世民到狱中探望。

二人就时事在狱中交流起来。刘文静试探性地问："眼看天下大乱，狼烟四起，生灵涂炭，何时才能天下太平？"

李世民说："要想天下太平，就必须能人出世，拯救天下百姓！"

刘文静说："如此乱世，到哪里去找汉高祖刘邦、光武帝刘秀那样的能人呢？"

李世民说："你如何知道没有这样的人呢？刘兄须知，千里马常有，而伯乐不常有。"

刘文静说："我自以为是个伯乐，你是一匹千里马，我来相相你，不知你是否情愿？"（参见李大华著：《李世民》，东方出版社2011年版）

两人一拍即合，随即商议起举事大计。

李世民说："我今日来探你，就是有大事相商，不知刘兄有何妙计？"

刘文静说："皇帝在南方游山玩水，洛阳已被李密围困。天下已经大乱，如若能抓住这个机会，天下唾手可得。百姓害怕战乱都进城躲避，我在晋阳当了几年县令，认识很多有志之士，把这些人组织起来，少说有10万，你父亲那里至少有几万，只要打出自己的旗号，天下人肯定一呼百应，不出半年，大业可成。"

通过这次狱中密谈，李世民与刘文静的情义更加坚定。在李世民与太子李建成的夺权之争中，刘文静不惧裴寂的庞大势力，坚定不移地支持着李世民。李世民得刘文静辅佐，如明君贤臣，共铸大业。

李世民从狱中出来之后，按照两人密谋的方案，首先去说服李渊起兵。

这天深夜，李世民和李渊还在衙门交谈。李世民说："当今皇上荒淫无度，天下大乱，百姓流离失所，四海反声连天。父亲大人难道还只顾君臣之情，忘了百姓之苦吗？如此下去，国将不国，恐怕连自保都来不及了！"

李渊毕竟背着国公的封号，不敢贸然起兵反抗，只得装糊涂，他说："那你说怎么办？"

李世民本来性格就直爽，这会儿便直奔主题。他说："当今形势，只有顺应百姓，举兵反隋，才可成就一番事业！"

李渊虽然一直也在找合适的机会，但没想到儿子这么大胆地说出反叛的话来，便赶紧打断儿子的话，厉色说："竟敢说此大逆不道的话，这可是诛九族的大罪，还不快快住口！千万不可外传，赶紧退下！"

李世民退了出去，但他并没有死心。

第二天下午，李世民又来到李渊卧房内，打算进一步说服父亲。他说："父亲，您受朝之命镇压叛民，可天下百姓之多您真能杀得尽吗？百姓心中的怨恨真能用鲜血平息吗？皇帝残暴，您真能在这样的统治下得以保全吗？如今，天下豪杰尽出，但是大都各自为营，您何不优抚他们，将他们聚集起来成为自己的力量，加上现有的几万士兵，您就拥有了一支最强大的力量来对抗隋朝廷。"（参见李大华著：《李世民》，东方出

版社2011年版）

　　李渊静静地坐着，双目微闭，不说"不"，也不说"要"。

　　李世民也不焦不躁，静听李渊下文。

　　良久，李渊长叹一声："昨天晚上，我一宿难眠，一直在思考你的话，的确有些道理。我不管，要家破人亡，由你；要化家为国，也由你。可是切切不可鲁莽行事，等我看准了机会再和你理论！事以密成，谋以泄败。凡事都要等等再说。"

　　李世民听到李渊如此言语，不便再纠缠下去，只得退下再思妙计。

　　李渊与裴寂是要好的老朋友。两人常常在一起喝酒聊天，有时候竟能通宵达旦，他们到底在聊些什么呢？总之他们之间的关系非比寻常。刘文静想让裴寂劝说李渊起兵反隋，于是就给李世民引见裴寂。

　　李世民拿出自己的私房钱，让龙山令高斌廉与裴寂赌钱，然后渐渐把钱输给裴寂，裴寂一看赢了钱，非常高兴。从此以后，李世民和裴寂的关系越来越好，他们天天在一起，有时候一起去拜访朋友，有时候一起去游山玩水。既然都成了好朋友，就无话不谈了。于是李世民就把自己想起兵反隋的想法告诉了裴寂，裴寂答应劝说李渊。

　　大业十二年（617）十二月，突厥进攻马邑。李渊派副留守高君雅与马邑太守王仁恭共同抗击,二人交战不利,李渊担忧自己会被连累治罪。李世民趁机劝道:"父亲,如今主上昏庸无道,百姓困顿贫穷,晋阳城外都成了战场,父亲大人要是恪守小节,下有流寇盗贼,上有严刑峻法,您的危亡就要来到了。不如顺应民心,兴起义兵,转祸为福,这是上天授予的时机。"(张世文著:《唐太宗传》,中国文史出版社 2004 年版)

没过几日,隋炀帝果真以抵御突厥不利的罪名,派出使者,要将李渊和王仁恭押往江都。李世民和裴寂此时又劝说李渊:"如今皇上昏聩,佐将出战失利却牵连您,晋阳军队兵强马壮的时候,又有囤积的军资巨财,举旗起兵还有什么后患?代王年幼,您一路西进,招抚各路豪杰,肯定会旗开得胜。"李渊觉得再无退路,就开始秘密筹划。

错综复杂的客观形势,把李渊推上了历史舞台,而李世民与裴寂等人的游说,又坚定了李渊的决心。于是,起兵反隋的计划开始筹划了。

3. 晋阳起兵举反旗

大业十二年(616)冬,全国各地的斗争形势趋于联合化。李密、翟让领导的瓦岗军攻破金堤关,占领荥阳诸县,打败了隋将张须陀的劲旅。这样,农民起义军就成了反隋的主力军。农民军一旦占有优势,各地的贵族阶层就感觉受到了威胁,晋阳的地主、豪商纷纷劝李渊加速举兵。而此时,李渊因马邑之战的失利也痛下决心反隋。可能全国局势太过紧张,迫使隋炀帝后来赦免了李渊和王仁恭的罪责,官复原职。李渊被释放后,立马开始了紧锣密鼓的反隋布置。

要在太原举兵,最大的障碍就是副留守王威和高君雅,这二人是隋炀帝的亲信,他们在李渊的身边也是为了监视李渊。举兵事大,不可能瞒过二人,所以必须先将这二人除去。大业十三年(617),李渊设计让王威和高君雅同意在晋阳募兵,由李世民负责具体

晋阳古城遗址

事务。这样李世民就招募了一支自己的军队，并对晋阳进行了控制，随即杀掉了王威和高君雅，晋阳起兵初步告成（参见徐帮学主编：《创造历史的风云人物：千古圣君——李世民》，吉林教育出版社2010年版）。

史书记载，晋阳起兵是李世民暗中操作，高祖浑然不知此事，但通过以上分析可知，李渊反叛之心早已有之，虽是在各种形势下一步步走上举兵之路的，但这与李世民等人的劝说是脱不了干系的，这也恰恰说明了李世民见识卓绝、行动果敢，而且具有出色的军事才能。

4. 天下归唐定大局

大业十三年（617），李渊攻入长安。第二年，李渊即皇帝位，唐朝建立，年号武德。

李渊建都长安之后，关东仍然群雄纷争，征伐不已，主要有三支力量：河北的窦建德、江淮的杜伏威、河南瓦岗寨的李密。此外的割据势力还有陇西的薛举、薛仁杲父子，马邑的刘武周以及洛阳的王世充。如果不平定这些军事集团，李唐的江山便很难巩固，于是李渊便派秦王李世民统率大军出征，而将太子李建成留在长安，帮助自己处理政务。

自晋阳起兵起，李世民就开启了多年的征战生涯。

李渊从晋阳起兵南下,他就与长兄李建成分领左右军。此后,李世民指挥了几乎全部在黄河流域的重要战争,直到全国统一。他的军事活动取得了一系列的重大胜利。

李世民第一次指挥的大战是对陇右的薛举、薛仁杲父子的战争。

大业十三年(617),金城郡(治所在今甘肃省兰州市)的富豪薛举在李渊起兵之前就据城起兵了。此后不久,他又占领了陇西(治所在今甘肃省陇西县西南)、西平(治所在今青海省海东市乐都区)、天水(治所在今甘肃省天水市)诸郡,称秦帝,都上邽(今天水市)。在李渊攻克长安以后的一个月左右,薛举之子仁杲领兵进围扶风县郡城(今陕西省宝鸡市凤翔区),被李世民击退。武德元年(618)六月,薛举又来争夺泾州(隋安定郡,治所在今甘肃省泾川县),李渊派李世民带兵迎战。

薛举的秦军方面:秦军占领的陇右地区本就是隋的牧监所在地,也是防御外族入侵的要地。所以,民习战备,人务骑射。在他们的军中,多有精骑骁将。这就决定了秦方军锋锐盛的特点。另外,陇右一带,民户寡少,生产不算发达。秦军的后方天水、陇西、金城等郡,在隋大业盛时,合计起来,也不过7万多户。至于秦军占领的平凉(治所在今宁夏回族自治区固原市）、安定等郡，虽然户口稍多，但因为处在前线，还没有成为薛氏父子牢固掌握的地区。所以，秦的人力、物力、财力都是不足的，不能持久作战。由于控制的民户很少，薛氏父子几乎没有第二线的兵力。

李渊的唐军此时占领了关中、巴蜀和山西的广大地区，拥有充裕库存的长安府库和永丰粮仓（在渭水入黄河处），赤岸泽（在今陕西省大荔县西南）牧监可以提供战马，关中、河东一带又是唐兵集中之地。所以，唐的军力、人力、物力、财力都远远超过秦军。更重要的是，李渊不仅得到关中地主阶级的支持，由于他进入长安以后，立即宣布废除隋的苛禁，在他的统治区里，阶级矛盾也初步缓和了。因而，唐的后方也是比较巩固的【参见胡如雷著：《李世民传（中华历史丛书）》，中华书局1984年版】。

唐、秦两军的第一次大会战发生在武德元年（618）七月，地点在高墌（今陕西省长武县北）。唐军的指挥者没能利用秦军的弱点，急于求战，又恃众轻敌，防备不严。结果薛举引军掩袭唐军阵后，在浅水原大败唐军。唐军的士兵损失了十之六七，大将被俘的也有数人，李世民带军退回长安休整。

据旧史记载，这次战役是因为李世民得疟疾，把军务委付给行军长史刘文静和司马殷开山，他们不奉李世民坚壁不战的教令，因而致败。也有可能，这是贞观史臣为了掩饰太宗的过失而把罪责归之于当时已死的刘、殷二人，但不管怎样，轻躁致败，给了年轻的李世民以极大教训。此后，他在历次战争中都竭力保持冷静的头脑。

秦军继续向唐境进攻。八月，薛仁杲进围宁州（隋北地郡，治所在今甘肃省宁县），被击退。不久，薛举死，仁杲继立，居于析墌城（在今甘肃省泾川县东北）。唐军休整后，再度由李世民带领，进临高墌。薛仁杲派大将宗罗睺领兵拒战。

李世民分析了形势之后，坚决采用了坚壁不战的策略，和秦军僵持60多天，秦军最终粮尽，其将领牟君才、梁胡郎投降。李世民摸清了秦方军心已经动摇，就派行军总管梁实带领一支军队到浅水原扎营。宗罗睺正求战不得，就想吃掉这支力量较小的军队，于是尽出精锐来攻。梁实军扼据险要，坚守了几天，宗罗睺军大为疲困。李世民审度战机已到，又派一支军队到浅水原南布阵，宗罗睺又并兵迎战。李世民亲率大军突然从浅水原北出击，宗罗睺引兵还战，阵势混乱，李世民带领精骑冲进宗罗睺阵内，唐军表里夹攻，呼声动地，宗罗睺的军队溃散了。

为了不让敌方散兵得以回归析墌城，以免他们在那里坚守，李世民立即带领轻骑2000多人以高速度进到析墌城下，扼守住泾水南岸。晚间，唐的大军到达，渡过泾水，围住析墌城。第二天，薛仁杲被迫归降（参见徐亮之著：《一代雄才李世民》，河洛图书出版社1978年版）。

李世民遇到的第二个劲敌是代北的刘武周。

李渊从晋阳南下以前，为了解除后方的威胁，曾经向突厥称臣。到武德二年（619），唐与突厥的关系发生了变化。突厥积极支持刘武周南下。于是从四月起，刘武周就对唐发动了进攻，袭陷榆次，围困并州（治晋阳）。那时，易州（治所在今河北省易县）的宋金刚被窦建德打败，引兵投奔刘武周，这就更加壮大了刘武周的声势。唐先后派去援救并州的由李仲文、裴寂带领的军队，都被刘武周、宋金刚打败。这时驻守晋阳的李元吉也慌忙回长安。晋州（治所在今山西省临汾市）以北的城镇，除浩州（今山西省汾阳市）以外，全数落到刘武周手里。十月，宋金刚进一步打下了浍州（今山西省翼城县），夏县民吕崇茂举兵响应，据守蒲坂（今山西省永济市北）的旧隋将王行本也宣布响应刘武周。到这时，唐在黄河东岸就只剩下晋西南的一隅之地了，关中受到很大震动。李渊急派李世民带兵前往据守。十一月，李世民带领军队乘冰坚渡过黄河，驻扎柏壁（今山西省新绛县西南），与屯驻浍州的宋金刚军主力相对峙。

唐军驻屯柏壁以后，李世民仍旧采用主力军坚壁不战的方针。此外，他的最重要的部署是分遣一部分兵力在汾、隰一带活动，牵制住敌军进攻浩州的力量，使浩州的守军能够坚持下去。当时从晋阳到晋西南大致有两条交通线，一条是从晋阳（今山西省太原市晋源区内）沿汾水西侧经清源、浩州渡汾水达灵石，这就是李渊从晋阳南下时所采用的路线；另一条是从太原沿汾水东侧经榆次、平遥、介休以达灵石，约略相当于今天的同蒲线，这就是刘武周南下时所采用的路线。浩州正当西线的要冲，对东线运输的安全与否也有极大关系，因此，它就成为双方反复争夺的战略要地。唐军坚守浩州是一个重要的战略部署，这对唐军的最后胜利起着关键的作用。

宋金刚的军队深入晋西南，经过5个月的僵持，始终没有得到和唐军主力决战的机会，士气逐渐下落；而浩州又没有打下，粮道一直受着威胁。到武德三年（620）春夏之交，浩州的唐军突然渡过汾水，消灭了刘武周派遣来护运的黄子英部队。他们又进一步占领了介休、平遥之间的张难堡（今张兰镇），于是，汾水东侧的运粮线又被切断了。宋金刚的军队得不到军粮供应，只得被迫北撤。

李世民得知宋金刚的军队北撤以后，立即率军追击。他对这次追击战的指挥，也是极其坚决的。在最紧要的关头，唐军甚至一昼夜且追且战，逐北100多公里，他自己甚至两日不食，三日不解甲。双方在吕州（今山西省霍县）、雀鼠谷（今介休市西南）、介休一带进行了多次战斗，宋金刚的士兵大多死亡逃散。他和刘武周看到大势已去，就逃奔突厥。唐军收复了全部被刘武周占领的土地，并且进据代北一带。

李世民负责指挥的第三次大战，也是唐一统过程中规模最大的一次战争，前后历时10个月，是一场针对王世充和窦建德的战争，其胜利意义非凡【参见胡如雷著：《李世民传（中华历史丛书）》，中华书局1984年版】。

王世充本来是隋的东都守将。隋炀帝死后，东都发生内讧，王世充消灭了他的对手元文都、卢楚一派的势力，逐渐掌握了政权。武德二年（619）四月，他自立为帝，国号郑。

东都的隋军曾经遭受瓦岗军的沉重打击。宇文化及杀掉隋炀帝，领兵北上以后，东都的形势发生了重大的变化。在对宇文化及的作战中，李密的兵马伤亡很重，王世充乘机打败了李密，得到李密的一部分将士和州县的归降。此后，王世充又利用刘武周南下的时机，夺取了唐在河南的一部分土地，扩大了自己的势力。

武德三年（620）七月，李渊命李世民统军东击王世充。面临着唐军的强大攻势，王世充作了如下部署：

第一，从所属州县征集骁勇，集中到洛阳，分遣其兄弟子侄防守洛阳要害的四城，自己则统领步骑总3万人以御唐。第二，分遣其兄弟子侄镇守洛阳外围的襄阳、虎牢、怀州（今河南省沁阳市）等要地。

和反击薛举、刘武周的两次战争不同，李世民这次进行的主要是攻坚战。此外，李世民又利用瓦解敌人的办法，对于从王世充那里归降的官吏一律保留原职或加以提升，让他们管理原地，以期吃掉一切王世充所属的州县，使洛阳陷于完全孤立的处境。

战事依照李世民的部署顺利进行。从八月至九月，黄君汉击取了回洛城（今河南省孟津县东）；刘德威袭击怀州，入其外郭；史万宝进军到甘棠宫；王君廓徇地直至管城（今郑州市）。其州县官吏看到唐军优势，纷纷降唐。次年二月，王世充兄子王泰弃河阳（今河南省孟州市西）走，怀州刺史陆善宗以城降，太子玄应自虎牢护运粮米的军队被唐军邀击消灭，保据洛口的单

刘武周

雄信等也在李世民亲领的增援唐军的压力下遁去。洛阳的外围据点大多被唐军控制了，于是李世民对洛阳宫城展开了猛攻。洛阳守军以重武器防守，大炮飞石，重25公斤，掷200步；八弓弩箭如车辐，镞如巨斧，射500步。但城中乏食，民食草根木叶皆尽，死者相枕于道，眼看就要陷落了。

当刘武周南下的时候，河北的窦建德亦击取了唐的洺州（今河北省邯郸市永年区）和相州（今河南省安阳市），又进一步夺取了黎阳（今河南省浚县东）和卫州（今河南省汲县），唐山东安抚大使李神通被俘，黎州（今四川省汉源县北）总管李勣被迫投降。此后，他又回师北指，谋取唐的幽州（今山西省垣曲县）。由于唐幽州总管罗艺的坚守，窦建德未能取得重大胜利。武德三年（620）冬，窦建德渡河南击孟海公，至次年二月，克周桥（当在今山东省菏泽市附近）。这样，他在河北、山东都扩大了自己的地盘。

王世充被唐军围困于洛阳，多次向窦建德求援。窦建德一开始抱着旁观的态度，等到洛阳危急时，他惧怕唐灭王世充后会威胁到自己，就立刻决定援救洛阳。武德四年（621）三月，窦建德悉发孟海公、徐圆朗之众西上，水陆并进，泛舟运粮，迅速抵达成皋（今河南省荥阳市汜水镇）的东原，有众共10余万（参见李金水主编，程桐著：《唐太宗李世民全传》，企业管理出版社2012年版)。

在如何对待王、窦连兵的问题上,李世民的部下有两种不同的意见。萧瑀、屈突通、封德彝等认为,王世充据守坚城,一时难以攻下;窦建德乘胜而来,兵锋甚锐,不易抵挡,不若退守新安,以后再图进取。郭孝恪和薛收等认为,如果让王、窦两军会合,则转运河北的粟米以供应洛阳,将使战事长期拖延下去,应该留一部分兵力围困洛阳,深沟高垒,坚壁不战;另选一支精兵,扼住成皋要道,以阻断王、窦两军的联系;击败了窦建德,则王世充就会不战自降。李世民当机立断,采用了后一派的主张。他命令齐王李元吉领兵围守东都,他自己挑选精兵3000多人,作为先头部队,立刻驰赴虎牢关,增援前线,以扼止窦建德西进。

李世民根据情报,得知窦建德将找机会掩袭虎牢。五月一日,他渡过黄河,侦察了敌情,留下千余匹马来迷惑窦建德,晚间回到虎牢。第二天早晨,窦建德果以全力出击,两军在汜水两岸列阵对峙。相持到中午,窦军士卒饥倦,阵容不整。李世民已把河北的马调回,就下令唐军飞涉汜水。他率领轻骑当先陷阵,直出窦军阵后。窦军迅速被击溃,窦建德也临阵被擒。

洛阳的王世充看到大局已无可为,跟着就投降了。

李世民指挥的最后一次统一战争是对刘黑闼的战争。

窦建德是一位杰出的农民起义领袖。他在反隋起义中建立起来的夏政权虽然是封建性的，但是他始终保持着农民的勤俭精神。他不食肉，常食蔬、茹粟饭，他的妻子曹氏不衣纨绮。对于农业生产，他极为重视。占领洺州（今河北省邯郸市永年区）后，他致力于劝课农桑。在那样纷乱的时代里，他竟然能使洺州"境内无盗，商旅野宿"。他俭朴的作风和良好的政策深得河北人民的爱戴。他虽然被唐朝的皇帝杀死，但直到唐朝后期，山东、河北之人，"或尚谈其事且为之祀"（《全唐文》卷七四四，殷侔：《窦建德碑》）。怎样来稳定像窦建德统治的这样的河北地区，在当时，唐廷君臣都是毫无经验的。唐的官吏严厉地绳治窦建德故将，这不但引起窦建德旧部的愤慨，而且使河北人民感到不满。紧接在唐廷杀了窦建德之后，武德四年（621）七月，窦建德故将刘黑闼从漳南（今山东省恩县西北）起兵，各地纷纷响应。不到半年工夫，刘黑闼就完全恢复了窦建德故地，仍以洺州为都城。他的行政措施，完全遵循窦建德的旧制，而攻战的勇敢果断，更有过于窦建德。

唐军屡经挫败以后，武德四年（621）末，李渊再度派李世民前往镇压。刘黑闼军的战斗力很强，武德五年（622），唐的著名勇将罗士信战死了。到三月，李世民采用了决洺水灌敌的办法，才把刘黑闼的军队击溃，刘黑闼逃奔突厥。

这一次唐军取得了军事上的胜利，但是山东、河北问题并没有得到解决。两个月后，刘黑闼又回到山东，很快就招募了一支军队，羽翼又日渐丰满起来，仅4个月，便收复所有失地。李渊又派太子李建成前去镇压。

李建成接受了宫臣魏徵的建议，改用宽大政策，释放了全部俘虏。这时，全国统一的局势已经形成，农民都愿意恢复生产，恢复安宁的生活。因而魏徵的建议一经实行，刘黑闼的军心迅即瓦解，刘军不战自溃。武德六年（623）正月，刘黑闼被俘。

在隋末农民战争推翻隋的统治以后，刘黑闼带领的两次起义更加深了统治阶层对农民力量的恐惧。同时，由于李建成采用魏徵对农民让步的办法迅速地解决了山东、河北问题，唐初统治者就找到了一条稳定全国统治的道路。所以，刘黑闼的起义在客观上推动了唐初统治阶层实施惠民政策，从而在一定程度上促成了"贞观之治"。李世民自从打败王世充、窦建德之后，就在长安开了文学馆，招引许多儒生来谈论治道，向他们学习历史上的统治经验。但是，他从这些儒生学到的东西却远没有从魏徵用对农民让步的办法来解决山东、河北问题这一点学到的多。李世民的作战经验要比李建成丰富，他的军事指挥才能和阵前的威猛也决不下于李建成。他在军事上战胜了窦建德，战胜了刘黑闼，但并不能稳定河北，而李建成利用魏徵的建议，一下子就获得了成功。年轻而敏感的李世民是不可能不从这一鲜明的对比中获取经验教训的。李世民即位以后，立即拔用魏徵并且特别重视他如何治理国家的意见，就足以证明我们的这个推断（参见李金水主编，程桐著：《唐太宗李世民全传》，企业管理出版社2012年版）。

　　武德七年（624）春，历时7年的战争结束，唐朝基本统一汉地。

二、马上乾坤：玄武门逆转大势

1. 木秀于林遭人妒

皇位继承始终是权力斗争的焦点，为了争夺君王的地位，刀光剑影，兵戎相向，钩心斗角，让人惊心动魄。

唐太宗李世民在玄武门之变中处于劣势。但他先走一招，将劣势变为优势，夺得了皇帝的宝座。

这场斗争始于李世民的强大和李建成的妒忌。

晋阳起兵时，李世民就表现出了突出的军事及政治能力，他招募军队、广结贤士，拥有一批忠实的支持者。

在7年征战生涯中，李世民不仅招

尉迟敬德

募了一大批武将，更网罗了不少将帅之才和贤良之士，如尉迟敬德、秦叔宝、程知节、屈突通、张士贵、李君羡、张公瑾、戴胄、房玄龄、杜如晦、长孙无忌等。他将这些人作为自己的军事顾问和谋士安置在自己的"天策将军"府中，为自己夺取帝位做好准备。

武德元年（618）十一月，讨伐薛举、薛仁杲父子的时候，唐高祖曾经派李密到豳州迎接秦王，李密"自恃智略功名，见上（李渊）犹有傲色；及见世民，不觉惊服"（《资治通鉴·唐纪二》），私下悄悄对秦王府将领殷开山说："真是英主啊，如果不是这样的人，怎么能够平定祸乱呢！"可见，这一战役的胜利无形中给李世民提高了威望，人们都对他心悦诚服。这是一种心理上的威慑，而不是屈服在武力或刀剑之下。

平定王世充时，李世民曾和时任秦王府记事的房玄龄秘密拜访一位叫王远知的道士，王远知迎谓曰："此中有圣人，得非秦王乎？"李世民据实相告，道士又说："方作太平天子，愿自惜也。"李世民听了"眷言风范，无忘寤寐",可见,他这时已经萌生了当"天子"的念头(参见李大华著:《李世民》,东方出版社2011年版)。

武德四年(621),李世民击败王世充、窦建德之后建天策将军府,并以此为自己的军事决策机构,后来又经高祖同意设立"文学馆",搜罗四方贤士,一时间人才济济,出现了"文学馆十八学士"——房玄龄、杜如晦、于志宁、苏世长、薛收、褚亮、姚思廉、陆德明、孔颖达、李玄道、李守素、虞世南、蔡允恭、颜相时、许敬宗、薛元敬、盖文达、苏勖。

李世民将这18位学士分为三批,在馆中轮宿,以方便自己学习政治、商议问题。此时,李世民已慢慢从崇尚军事转向政治管理了。

通过一段时间的培植,李世民的势力快速膨胀起来,而且他所招揽的人都只听命于他,甚至连高祖的诏敕也不买账。李渊曾对身边人说:"秦王依仗自己立有盖世之功,不服居太子之下。"(龙耳东著:《大唐太子李建成》,天津人民出版社2011年版)朝野上下都看得出来李世民要做帝王的野心。

武德四年(621)十月,因为李世民功劳之大难以衡量,高祖认为以前的官衔已经不能与这特殊的功劳相配了,于是另外赐给一个徽号,用旌旗来记录李世民的功德,给李世民加封号为天策上将,陕东道大行台,位在王公之上,天策府还可以配置官属,里面设有长史、司马各1人；从事中郎2人，军咨祭酒2人，典签4人；主簿2人；录事2人；记室参军事2人；功、仓、兵、骑、铠、士六曹参军各2人，参军事6人。李渊用这样的封赠给李世民，是对他的功劳的肯定，这时的天策府实际上成为秦王李世民军事上的顾问决策机构。

在攻克长安之前，李建成和李世民的战功不相上下，而在之后的统一战争中，两个人才渐渐拉开了距离。

唐高祖李渊晋阳起兵时，三个儿子中只有次子世民在身边出谋划策；长子建成、四子元吉当时还在太原，等他们赶到晋阳时，李渊已经举起了起义的大旗，他们因此错过了"首义之功"。但是从此以后，无论是"西河大捷""霍邑之战""河东之围"，还是"攻占长安"，李建成、李世民分别为左、右领军大都督，都立下了赫赫战功。前期的战争都是互相帮助，互相扶持，同进同退，两人都是并肩作战，建成的战功和世民的战功相差无几。

当唐朝建都长安以后，诸多的政事李渊一人很难忙过来，所以很想找一个帮手。但是所处理的都是国家大事，外人又不能太相信，一旦处理不慎，就会给人民带来很多痛苦，那样对刚刚建立的新政权会很不利。这时，李建成已被立为太子，辅佐父皇治理天下的重担自然就落到了他的身上。于是，李建成就只能留在长安帮父亲处理政务。但当时各地的军事集团还未统一，而统率大军继续讨伐各军事集团、统一全国的艰巨任务，自然而然地落在了李世民（此时已被封秦王）的肩上。

消灭各军事集团是唐初最重要的事情，战事的胜败同样也决定着唐王朝的命运。那么这些战争由谁来指挥呢？论资历、论经验、论谋略均非秦王莫属。同样，战争的决定性胜利，使领导者的威望骤增，这道理谁都清楚。武德四年（621）七月，当秦王胜利地返回长安时，身上披着黄金甲，后面跟随着同自己出生入死的25名大将，1万名铁骑整整齐齐地排在后面，军容整肃，从长安城上望去，真是蔚为壮观。这时的李世民无论从哪一方面和李建成相比，都略占优势，尤其是军权在握，更是不容置疑。

李世民的强大让太子李建成感受到了威胁，他也要努力营造自己的势力。

首先，招纳贤士。魏徵、王珪就是此时被招入太子府的谋士。

其次，发展军事势力。在魏徵等人的建议下，李建成广招山东豪杰，勾结庆州都督杨文幹和幽州的燕王李艺。李艺原姓罗，字子延，隋襄州襄阳（今属湖北省）人，唐朝初期将领。619年归唐后，赐其姓李，初封燕公，后晋封燕郡王，因助唐击败刘黑闼有功，在唐太宗登基后，晋封开府仪同三司（贞观元年率军反唐,于豳州被击败,后为部下所杀),内外加强自己的势力。

再次,贿赂后宫,使李渊猜忌李世民。李建成利用太子的有利身份,经常向李渊的宠妃送礼,唆使她们在李渊面前诋毁李世民,耳旁风吹多了,李渊难免对李世民有所猜忌。

最后,谋求外廷的支持。李建成秘密联合宰相裴寂和执政大臣封德彝,有了这两个大臣的辅助,他在朝中的力量可以说非常强大了(参见黄中业著:《唐太宗李世民传》,吉林人民出版社2010年版)。

在这场斗争中还有一个不容忽视的力量,那就是齐王李元吉。大约是因为和李世民的性格不合,李元吉最终站到了李建成一边,对李世民造成了更大的威胁。

窦氏为李渊生了4个儿子,分别为:李建成、李世民、李元霸、李元吉,李元霸早夭。晋阳起兵时李建成28岁,李世民19岁,李元吉只有14岁。在唐统一战争中,李建成和李世民作为左右统帅,都为建国作出了很大贡献。李渊称帝后,立长子李建成为太子,协助其处理国家大事,而李世民则背负平定天下的重任四处征战。李元吉17岁时曾随李世民征讨王世充,但不曾立下战功,说明他的谋略、指挥能力等均不如他的两个兄长。

李世民在平定四方的战争中立下的赫赫战功,在为他带来荣誉的同时,也使得他在唐政治中的地位愈加重要和稳固。

武德五年(622)七月,唐高祖又为秦王李世民在京师宫城的西偏营建弘义宫,时值李世民击败刘黑闼、进军徐圆朗,可见李世民得到极大的殊遇。

秦王的一步步强大,对太子李建成的威胁是客观存在的。而李世民"锐意经籍,开文学馆以待四方之士。行台司勋郎中杜如晦等十有八人为学士,每更直阁下,降以温颜,与之讨论经义,或夜分而罢"(《旧唐书·太宗本纪》)。这表明李世民觊觎"天子"之位的用心已经非常明显了。

前文说过,李世民早在晋阳起兵时就网罗了不少贤人志士,如刘文静、左骁卫大将军长孙顺德、右骁卫大将军刘弘基以及柴绍、唐俭等人。李渊攻取长安后,李世民又招募了房玄龄、杜如晦以及长孙无忌等谋士。在杜如晦出任陕州总管府长史后,

杜如晦

房玄龄对李世民说道:"府僚去者虽多,盖不足惜。杜如晦聪明识达,王佐才也。若大王守藩端拱,无所用之;必欲经营四方,非此人莫可。"李世民闻听后大惊道:"尔不言,几失此人矣!"(《旧唐书·杜如晦列传》)

房玄龄的这番话暴露了李世民的天机,他说大王不甘于"守藩端拱",要"经营四方",表明李世民志不在守藩,而在于天下。这番话提醒了李世民,李世民将杜如晦留在了自己身边,成为自己的一大谋臣。

在征战过程中,李世民网罗了大量武将,如尉迟敬德、秦叔宝、程知节、屈突通、张士贵、张公谨、李君羡、田留安、戴胄等,这些人保证了李世民的军事实力。

李世民如此热衷于网罗人才,而且文武兼备,忠心耿耿,正表明他有移天易日的用心。

太子李建成也有不少亲信,如王珪、魏徵、韦挺等,都是很有政治才干的。

兄弟三人中,李元吉开始并没有参与两位兄长的斗争,他早年虽跟随李世民出征,但李世民并没有器重他(参见李金水主编,程桐著:《唐太宗李世民全传》,企业管理出版社2012年版)。

唐太宗继位后,令人编修的《太宗实录》及后来所记正史,对李建成、李元吉以及兄弟三人明争暗斗的记载均有所失实,《旧唐书·高祖二十二子列传》载:"建成残忍,岂主鬯之才;元吉凶狂,有覆巢之迹。"但是李建成西取长安、东征刘黑闼以及辅佐高祖处理国家政务时均表现出了不俗的能力,司马光修《资治通鉴》时,也秉承实事求是的态度,对《太宗实录》中"抑扬诬讳之辞,今不尽取",说明唐太宗篡改了这段历史。

李渊自晋阳起兵时,便将军事大权交给3个嫡系儿子,随着各自势力范围和权力的增大,矛盾便不可避免,尤其是李建成和李世民兄弟二人。

随着统一战争的结束,各自权力的集中,东宫与秦王府的矛盾便急剧激化,这场明争暗斗使得宫廷政治扑朔迷离。

在朝廷大臣中,支持李世民的有宇文士及、萧瑀、陈叔达;支持太子李建成的则有宰相裴寂。高祖晚年最宠爱张婕妤、尹德妃,她们因受李建成贿赂也在高祖面前诬陷李世民。李建成有了朝廷和内宫的支持,形势颇为有利。

这场政治斗争难免要通过一场硬拼来解决,对此,他们早有准备。秦王在外蓄养了勇士800人,李建成招募了2000人组成

萧瑀

东宫卫士,号"长林兵"。李建成又令可达志"从燕王李艺发幽州突骑三百,置宫东诸坊,欲以补宫东长上"(《资治通鉴·唐纪七》),后被人告发,可达志被流放巂州。

后李建成又派亲信杨文干招募壮士。当时,唐高祖前往宜君仁智宫,随行的有李世民、李元吉,太子李建成则留守京师。李建成命李元吉在途中杀害李世民,同时派郎将尔朱焕、校尉桥公山向杨文干处运送兵器。尔、桥二人感到事关重大,到了幽州就将此事密告高祖,此时宁州人杜凤举也来告发。高祖大怒,写了一封亲笔诏,假托其他事情召见李建成。李建成收到诏书后,心虚不敢前往,在詹事主簿赵弘智建议下,轻车简从前往认罪。高祖怒气不消,派人将李建成看守起来,然后派司农卿宇文颖急驰召杨文干来仁智宫。宇文颖到达庆州后据实告知杨文干,杨文干索性召集军队反叛。

唐高祖派李世民前往讨伐,并说:"文干事连建成,恐应之者众,汝宜自行,还,立汝为太子。吾不能效隋文帝自诛其子,当封建成为蜀王。蜀兵脆弱,他日苟能事汝,汝宜全之;不能事汝,汝取之易耳!"(《资治通鉴·唐纪七》)

李世民讨伐杨文干时,与李建成有着利益关系的后宫嫔妃及封德彝都为他说情,高祖在身旁人的游说之下只责骂了李建成一顿,将罪责都归于太子中允王珪、左卫率韦挺、天策兵曹参军杜淹,并将他们下放了事,另立太子之事也就不了了之。

唐朝建都后,突厥屡次侵入边境,唐高祖在惶惶不安下,接受了焚烧长安而迁都的建议,令臣下选择新都地址,李建成、李元吉以及裴寂表示赞成,李世民却不赞同,他说:"戎狄为患,自古有之。陛下以圣武龙兴,光宅中夏,精兵百万,所征无敌,奈何以胡寇扰边,遽迁都以避之,贻四海之羞,为百世之笑乎!彼霍去病汉廷一将,犹志灭匈奴;况臣忝备藩维,愿假数年之期,请系颉利之颈,致之阙下。若其不效,迁都未晚。"(《资治通鉴·唐纪七》)

高祖很认同李世民的这番话,而李建成却指责李世民只会空口说大话,二人在朝堂之上辩论起来。迁都一事就此中止。

受李建成贿赂的高祖妃嫔跟高祖说:"突厥虽屡为边患,得赂即退。秦王外托御寇之名,内欲总兵权,成其篡夺之谋耳!"(《资治通鉴·唐纪七》)

有一次,李世民兄弟三人跟随高祖到城南打猎,回宫后,李建成便唆使一位嫔妃对高祖说:"秦王自言'我有天命,方为天下主,岂有浪死!'"(《资治通鉴·唐纪七》)高祖听了非常生气,责问李世民此事,李世民当然否认,高祖不信任他,竟然立案查探。此时恰逢突厥又入侵边境地区，高祖便把世民派往豳州抵御突厥，此后"上每有寇盗，辄命世民讨之；事平之后，猜嫌益甚。"（《资治通鉴·唐纪七》）高祖也知太子与李世民的矛盾渐深，李世民功高盖主，若自己再不偏袒李建成，太子之位恐怕就要易主了。

李建成见多次诬陷李世民未果，索性在东宫设宴，邀请李世民前往，并在酒中下毒。李世民酒后心痛，吐血数升，淮安王李神通将他扶回西宫休息。唐高祖前往西宫探视，得知是在东宫饮酒的缘故，便斥责太子李建成："秦王素不能饮，自今无得复夜饮。"（《资治通鉴·唐纪七》）

唐高祖心里很明白兄弟二人的矛盾已经到了剑拔弩张的地步，他既立长子为太子，就是不希望兄弟间再有纷争，便对世民说："首建大谋，削平海内，皆汝之功。吾欲立汝为嗣，汝固辞；且建成年长，为嗣日久，吾不忍夺也。观汝兄弟似不相容，同处京邑，必有纷竞，当遣汝还行台，居洛阳，自陕以东皆主之，仍命汝建天子旌旗，如汉梁孝王故事。"（《资治通鉴·唐纪七》）

李世民声泪俱下地请求在父亲身边尽孝，高祖又说："天下一家，东西两都，道路甚迩，吾思汝即往，毋烦悲也。"（《资治通鉴·唐纪七》）

李世民只得遵照旨意前往洛阳。而这时，李建成、李元吉商议后觉得大事不妙，他们认为秦王若到洛阳，就如蛟龙得水，将会很难对付。

于是，李建成、李元吉指使人秘密上书："秦王左右闻往洛阳，无不喜跃，观其志趣，恐不复来。"（《资治通鉴·唐纪七》）

李建成又派近臣向唐高祖陈说利害，高祖又改变了主意，令李世民前往东都一事因此而中止。

李建成、李元吉和后宫宠妃日夜不停地说李世民的坏话，高祖听了要治李世民的罪，大臣陈叔达劝谏说："秦王有大功于天下，不可黜也。且性刚烈，若加挫抑，恐不胜忧愤，或有不测之疾，陛下悔之何及！"（《资治通鉴·唐纪七》）高祖认为很有道理，便没有追究李世民的罪责。

然而，这时李元吉却直接请求高祖诛杀秦王，高祖生气地对李元吉说："彼有定天下之功，罪状未著，何以为辞？"（《资治通鉴·唐纪七》）

"秦王初平东都，顾望不还，散钱帛以树私恩；又违敕命，非反而何！但应速杀，何患无辞！"（《资治通鉴·唐纪七》）李元吉回答。

对于李元吉这个无理的要求，高祖虽然没有理会，但他深知，太子与李世民的矛盾已经到了一触即发的时刻（参见李金水主编，程桐著：《唐太宗李世民全传》，企业管理出版社2012年版）。

2.剑拔弩张玄武门

眼看陷害李世民的计划一个个流产,李建成、李元吉又谋划瓦解秦王府来削弱李世民的力量。二人知道收买秦王府将领的办法行不通,便将秦王府的人一个个设计调走,其中左一马军总管程知节被放外任康州刺史,房玄龄、杜如晦也被诬告逐出秦王府,秦王的重臣谋士流失,形势日加严重。李世民和谋士长孙无忌等此时开始谋划除掉太子李建成和齐王李元吉,房玄龄、杜如晦此时仍借故在京师居留。

这时,突厥又侵犯黄河以南地区,上文说到每次盗寇入侵,高祖都派李世民前往讨伐。此时形势又不同了,高祖和太子顾忌李世民的势力越来越大,改派李元吉统军前往,李元吉趁此机会提出调遣秦王府将领尉迟敬德、程知节、段志玄及秦叔宝等一同前往,高祖均答应。秦王只知他们想要分散

秦叔宝

秦王府的军事力量，却不知李建成还计划趁秦王府兵力空虚的时候，令自己的亲信军队斩杀李世民。

正在这紧要关头，太子率更丞王晊（李世民安插在东宫的奸细）向李世民报告了太子、齐王的阴谋，秦王急忙与长孙无忌、尉迟敬德等人商量对策，大家一致认为要抢先下手。李世民虽性格果断，但对于骨肉相残之事还是犹豫再三，他说："吾诚知祸在朝夕，欲俟其发，然后以义讨之，不亦可乎！"（《资治通鉴·唐纪七》）尉迟敬德见秦王面临大祸，仍迟疑不定，急得大嚷道："祸机垂发，而王犹晏然不以为忧……大王不用敬德之言，敬德将窜身草泽，不能留居大王左右，交手受戮也！"长孙无忌也接着道："不从敬德之言，事今败矣。敬德等必不为王有，无忌亦当相随而去，不能复事大王矣！"（《资治通鉴·唐纪七》）李世民见两人都说要离去，自然不同意，忙说："吾所言亦未可全弃，公更图之。"尉迟敬德进一步说道："王今处事有疑，非智也；临难不决，非勇也。且大王素所畜养勇士八百余人，在外者今已入宫，擐甲执兵，事势已成，大王安得已乎！"（《资治通鉴·唐纪七》）其实李世民的顾虑，一是在"骨肉相残"问题上，二是在双方力量悬殊上。当时太子和齐王的兵力远大于秦王府在京师的兵力，而且太子、齐王兵出两宫，从两面夹击秦王府，秦王府必然陷入险境。但事已如此，也只有硬着头皮干。想到这次谋划之事胜负实难预料,李世民心里很不踏实,于是命取龟占卜,以决凶吉。正在这时,幕僚张公谨从外面进来,见状大声反对道:"卜以决疑;今事在不疑,尚何卜乎!卜而不吉,庸得已乎!"说完取龟掷到地下。由于秦王府的文武臣僚态度坚决,促使李世民终于打定了主意。

以少胜多,以弱制强,需要制订一个非常严密、周到的方案。李世民令长孙无忌将被贬在家的房玄龄、杜如晦召回,这二人曾建议诛杀李建成、李元吉,但没被采纳。此时房、杜二人怕李世民中途变卦,对长孙无忌说:"敕旨不听复事王;今若私谒,必坐死,不敢奉教。"这话果真激怒了李世民,李世民对尉迟敬德说:"玄龄、如晦岂叛我邪!"于是取下佩刀交给他,交代说:"公往观之,若无来心,可断其首以来。"尉迟敬德与长孙无忌又到房、杜家中,说:"王已决计,公宜速入共谋之。"(《资治

长孙无忌

通鉴·唐纪七》)这二人才穿上道士服化装后偷偷潜入秦王府内。这一天是武德九年(626)六月二日,秦王府内众人商议一晚,终成大计。

第二天,太白复经天,太史令傅奕密奏高祖:"太白见秦分,秦王当有天下。"(《资治通鉴·唐纪七》)高祖正在疑惑,秦王又密奏太子李建成、李元吉与尹德妃、张婕妤淫乱,说:"臣于兄弟无丝毫负,今欲杀臣,似为世充、建德报仇。臣今枉死,永违君亲,魂归地下,实耻见诸贼!"(《资治通鉴·唐纪七》)高祖虽然感到愕然,但也不敢轻信,便说:"明当鞫问,汝宜早参。"说完下令通知太子、齐王明天早朝,由诸大臣公断曲直(参见李金水主编,程桐著:《唐太宗李世民全传》,企业管理出版社2012年版)。

四日早朝,裴寂、萧瑀、陈叔达、封德彝、宇文士及、窦诞、颜师古等已全部集中在朝堂之上,专等李建成、李世民、李元吉兄弟到达。这个时候,李世民正带领尉迟敬德、侯君集、张公谨、刘师立、公孙武达、独孤秀云、杜君绰、郑仁泰、李孟尝9人,埋伏在玄武门内。玄武门是宫廷的北门,是出入内宫必经之地,驻扎着众多内廷警卫。接到张婕妤的密报后,李元吉有些担忧,提出"宜勒宫府兵,托疾不朝,以观形势"。李建成却说:"兵备已严,当与弟入参,自问消息。"(《资治通鉴·唐纪七》)这天值守北宫门的将领是常何。常何本是李建成的亲信,所以他十分放心,根本没有想到常何已将李世民等人引入玄武门内,埋伏好了。两人骑行至临湖殿才觉有变。刚要掉转马头,却发觉李世民已骑马飞奔而来,李元吉仓皇之中拉弓连射三箭,因控弦不开,所以没有射中。李世民取弓还射,李建成当即中箭而死。这时尉迟敬德带领70骑赶来,左右射中李元吉坐骑,李元吉弃马往密林中逃。李世民向密林追去,不想被树枝挂住衣服而落马,这时李元吉趁机反扑过来,扼住他的喉咙,在这千钧一发的时刻,尉迟敬德赶到,一箭将李元吉射死。

　　这时,玄武门的士兵们还在血战,太子东宫翊卫车骑将军冯立、副护军薛万彻、齐王府车骑谢叔方等率东宫和齐王府的精兵2000人进攻玄武门,眼看常何的禁军及秦王府的几个士兵难以抵挡,云麾将军敬君

唐代城墙遗址

弘、中郎将吕世衡已经战死，张公谨赶紧关闭了城门，在这紧要关头，尉迟敬德赶了回来，他砍下李建成、李元吉的首级挂在城门上，东宫、齐王府的心腹和士兵们见主子已死，都泄了气，纷纷如鸟兽散。

随即，李世民派遣尉迟敬德去面见唐高祖，此时唐高祖李渊还在海池舟上等着会见太子李建成。尉迟敬德对高祖说："秦王以太子、齐王作乱，举兵诛之，恐惊动陛下，遣臣宿卫。"高祖见事已如此，只好立秦王为太子，八月即宣布退位，李世民继位，是为太宗。

李渊自晋阳起兵起，就一直在平衡着李建成和李世民的势力，但他对于兄弟二人的矛盾从没有采取有力的措施，这其中的原因很复杂。李渊出身军事世家，宗法观念非常强。唐建立后，他立德才兼备的嫡长子李建成为太子本无可厚非；而二儿子李世民功劳卓著，理应得到奖赏，其地位的升高也是自然的；其他儿子和叔侄诸王也掌握着重权，以维护唐初的统治。秦王与太子产生矛盾，无论从哪方面考虑，李渊都要先维护太子的地位。从武德五年（622）起，李渊开始压制秦王的势力，如令秦王对抗突厥，朝堂上训斥秦王，将秦王的武将调离等；另外，李渊还要保证李世民的势力和地位以稳固政局。何况当时还有强大的突厥问题，军事上少不了秦王，加之太子、齐王都各自集结了强大的力量，朝廷中的大臣也都各自依附，李渊手无兵权，只能以平衡各方势力为主，他偏袒太子，但以不伤害秦王为限。他既想利用秦王的力量巩固统治，又想压制他的势力，还想维护太子的地位，不得不说李渊的心里太矛盾了。当他得知李世民成功地除掉太子和齐王后，朝中和社会局面并没有混乱，这也符合他建立的唐王朝的根本利益，于是就顺水推舟地让出了皇帝的宝座（参见宋云彬著：《玄武门之变》，浙江人民出版社1983年版）。

秦王李世民在玄武门之变中，一举战胜太子、齐王的宫府集团，既有其必然因素，同时又有着很大的偶然性。东宫、齐王府在京师的精兵有2000以上，秦王府只有800人，在兵力方面相差悬殊。要不是李世民收买了玄武门卫队首领常何等人，胜负是难以预料的。

秦王集团是否反映了山东集团，宫府集团是否反映了关陇集团，或庶族与贵族地主的不同政治要求呢？

所谓的山东地区在当时来说，包括今河北、山西、河南一部分地区在内，加上山东省，范围相当广泛。李渊建立唐王朝后，官吏是关陇和山东、贵族和庶族并用的，秦王府和太子、齐王府的用人也承袭了这一政策。李世民集团中，属于关陇者有：长孙无忌、杜如晦、长孙顺德、侯君集、刘弘基、公孙武达、屈突通、杜淹、李安远等。在文学馆十八学士中，也有相当一部分是关陇人，如姚思廉、李元度、颜相时、苏勖、于志宁、苏世长等。其中有些人是江南人，如虞世南、褚亮、蔡允恭、陆德明、孔颖达、许敬宗等。

在东宫集团中，也有魏徵、王珪，属于山东人。此外，太子李建成利用镇

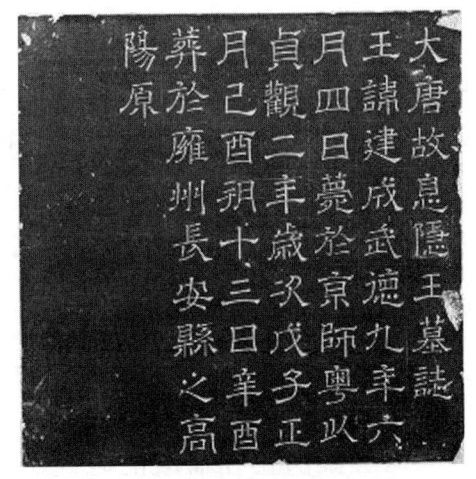
李建成墓志铭

压刘黑闼的机会，在山东地区也培植有很强的势力。

至于各集团成员的成分，秦王府中长孙无忌、房玄龄、杜如晦、高士廉、屈突通、杜淹以及东宫、齐王府中的王珪、韦挺、薛万彻等，都是贵族或世族地主子弟。而秦王府的尉迟敬德、侯君集、张公谨、刘师立、秦叔宝、程知节、公孙武达、李孟尝、段志玄、庞卿恽、张亮、元仲文、李安远等，以及东宫、齐王府的官员魏徵、冯立、谢叔方等都是庶族地主。

可见，秦王李世民集团与李建成、李元吉集团成员的成分基本相同，他们之间的斗争并不是或者不完全是山东集团与关陇集团之间，或是贵族势力与庶族地主势力之间的斗争。当然这样说，并不是两大集团间就没有什么区别，事实上秦王集团联系的社会面较

宽，宫府集团则较窄，在人才的数量方面秦王府集团占有绝对的优势，因而在斗争的策略方面，秦王府集团也要强得多。但是论双方斗争的实质，应该说基本上是统治集团内部权力分配的斗争，也包括一些不同政治倾向集团间的矛盾（参见宋云彬著：《玄武门之变》，浙江人民出版社1983年版）。

在一些历史文献中也详细记载了玄武门之变时，李渊得到这一消息的情形：

当玄武门正在血战的时候，李渊刚刚起床。他本想到武德殿北的东海池去泛舟，清醒清醒，因天要下雨，出不去，只好待在寝宫。他令人告知封德彝在朝堂待命，太子等人来了以后，就让他们到这里来。

他懒洋洋地斜靠在坐椅上，无神的眼睛呆呆地看着殿外。

突然，内侍来报："封内史到！"

与此同时，封德彝跌跌撞撞地跑来。李渊摆手让尹妃停止歌唱，站起身来。

封德彝上气不接下气地禀道："陛下，大事不好！秦王兴兵作乱，在玄武门正与东宫、齐王府兵激烈交战呢。"

"怎么，秦王作乱？"李渊目瞪口呆。

李渊正要细问详情，尉迟敬德手执长槊，带着几十名兵士，匆匆奔来。在他身后，是尚书右仆射萧瑀。

尉迟敬德跪奏："太子、齐王作乱，秦王起兵诛逆，恐惊陛下，秦王殿下特派臣前来护驾。"

"究竟是怎么回事？"李渊看了看封德彝。

封德彝自知太子、齐王凶多吉少，嗫嚅道："老臣……不知详情。"

萧瑀禀奏："太子、齐王布兵于玄武门，准备截杀秦王。秦王不得已而为之。"

"太子、齐王现在哪里？"

尉迟敬德抢着回答："都已归天了！"

"啊……"李渊大惊失色，身子摇摇晃晃。两宫娥忙来搀扶，那尹妃更是魂飞魄散，玉容变色。

李渊被宫娥扶着歇息，慌张地说："这如何是好啊！"

萧瑀道："陛下，太子、齐王屡次谋害秦王不成，才酿成今日之变。秦王功盖朝野，誉满天下，乃是大唐的栋梁。不如乘此事变，诏立秦王为太子，委以国事！"

封德彝迅速地权衡了利害，做出抉择："老臣适才不明细情，所报有误。萧仆射所言，老臣以为很有道理。"

李渊沉思了片刻，只得就范："其实，这也是朕的夙愿……"

尉迟敬德兴奋地道："陛下立秦王为太子，真是英明决断。现在外面战事尚未平息，请速降手敕吧。"

其实，这是尉迟敬德在逼着李渊表态，手谕各军统归李世民掌管。此时，李渊只得称好。于是，由李渊口授，封德彝记录，拟定一纸手敕，以支持李世民安定乱局。

李渊用颤抖的手在一纸诏敕上面盖上了皇帝之玺,然后将其递给尉迟敬德:"爱卿……那就……那就速去宣诏吧!"

"遵旨!"

尉迟敬德接过手敕,飞也似的跑出武德殿。

此时,玄武门已被薛万彻撞开,2000人蜂拥而入,双方展开了混战。身材矮小、面目清瘦的太子洗马魏徵也跟随来战。

尉迟敬德顾不得向秦王禀报,登上门楼,用长槊将李建成和李元吉的两颗人头高高挑起,大声喊:"薛万彻,你看这是什么?"

薛万彻回头,失声大叫:"啊,太子、齐王……"

尉迟敬德接着又宣读了李渊的圣旨,秦王府的将士们欢呼雀跃,欣喜若狂,士气大增。东宫、齐王二府的2000人则很快失去了战斗力,纷纷归降秦王。

魏徵仍不肯投降,手持佩剑来战李世民。

魏徵并没有多少武艺,哪里是李世民的对手?李世民只轻轻一挡,魏徵手中的剑便被挡飞了,又猛地一跌,落在马下。

两个兵士随即将他绑了起来。

薛万彻已杀死了不少秦王府兵,马上、衣甲上沾满了血迹。他已成了无兵之将,自知败局已定,无心再战,面对城楼上李建成、李元吉的首级，泪流满面，跪地而拜："二位殿下，你们死得好惨啊！末将来迟，罪不容赦！"说罢，从头上割下一绺头发，愧疚地放在地上。

喊杀声越来越近了，时间不容迟误，薛万彻带领数十骑，奋力杀出重围，向城外逃去。

沉沉的乌云终于化作倾盆大雨。遍地小溪一般的雨水冲洗了玄武门的血迹，流入滚滚滔滔的渭水河……

昔日笙歌不绝的东宫、齐王府处在一片血腥的恐怖之中。

房玄龄、长孙无忌及其他秦王府僚属也都力劝李世民不要手软，把东宫、齐王二府斩尽杀绝，以杜后患。

李世民心中翻腾起来。薛万彻在逃使他担忧。他知道，薛万彻是东宫骁将，勇武超群，是李建成的忠实党羽。而终南山山高林密，便于积聚力量。薛万彻复仇心理强烈，万一他拉起一支人马，必难应付。他也很担心河北、山东一带地区。这里曾是反隋风暴的策源地，武德六年（623）时，李建成借征伐刘黑闼之机来到河北，广纳豪杰，使河北一带成了李建成建立地方势力的据点，李建成死党、庐江王李瑗便在这个地区。

薛万彻和李瑗确为心腹之患，不尽早解决，定会造成麻烦。

但是，难道除了抡板斧、大讨伐，就别无他路了吗？

长孙顺德

李世民想到，当务之急要尽量缓解与东宫、齐王二府旧人的仇怨，尽快收拢人心，稳定局势。方才去武德殿时，父皇已表示要诏立他为太子，并有禅让之意。如成现实，他便是一国之君。现在虽未登宝座，但玄武门之变已确立了他的地位，他必须从这个角度去分析、处理面临的一切。

唐廷中一个个官员的影子在他面前浮现出来。他们界限分明地排成三个行列：一列是父皇的近臣，一列是秦王府僚属，一列是东宫、齐王府旧人。李世民仔细地审视着，权衡着……父皇的近臣，多是太原起兵的元勋，功高位显，但成分复杂，面目各异，多持中立态度，如工部尚书武士彟，便从不介入宫廷之争。而像封德彝这样的人，则或明或暗地与先太子保持着密切联系。至于秦王府中人，自然是他的依靠力量，但目前表现出来的情绪却使他担心。程知节、长孙无忌、庞相寿他们心中则害怕一旦起用东宫、齐王府旧人，会分散他们自己的权势和利益。这一点，从程知节那嫉恨的目光中,从他那残忍的杀戮中,已经看得很清楚……

经过一番深思熟虑,李世民果断地决定:押来的两百多口东宫仆属,一概松绑赦免,对薛万彻、李瑗暂不捕剿。

程知节、庞相寿大惑不解,惊问:"殿下,这不是纵虎归山吗?"

李世民坦然道:"纵虎并非必定遗患。我要让薛万彻等逃犯自己走出山林,伏首于我的面前,使仇敌化为良佐。二位将军,本王主意已定,无须多虑!"

3. 大度容忠义之士

玄武门事变的第三天辰时初刻,魏徵被两个兵士押解着来到秦王府。

魏徵仍然穿着太子洗马的五品官服,衣冠整齐,举止泰然,并无狼狈之相。只是脸色有些难看,但坚定的目光,紧闭的双唇,显露出一种凛然正气和必死之心。

他无视于兵士的呵斥,没有下跪。他把脸侧向一边,目光投视到对面的一根金龙殿柱上。他眼前出现一个幻影,看到了他经常出入的另一座大殿,另一根殿柱。在那殿柱的一侧是他所熟悉的同僚,在那大殿之上是他所熟悉的太子。太子啊太子,你帝业未成身先死,怎不令人泪满襟?

唐朝的官服

一个温和的声音打断了他的思绪："久闻魏公忠直，今日得见，果然名不虚传，本王不胜钦佩之至。"

魏徵扭过头，只见李世民正用期待的目光望着他。他轻轻地哼了一声，嘴角上露出一丝冷笑。

李世民又道："本王绝非嫉贤害能之辈，已奏请父皇，赦免魏公罪过……"

"罪过？"魏徵愤怒地说，"谁之罪，是洗马魏徵？人各为其主，何罪之有？当年，管仲还曾射公子小白呢！"

公子小白与公子纠是春秋时齐国国君齐襄公之弟。襄公被杀后，二人分别在鲍叔牙和管仲的辅佐下逃离齐国。管仲与鲍叔牙是一对好友，二人都想辅佐其主夺取齐国君位。在这场你死我活的斗争中，管仲力佐其主，企图射死公子小白，消灭公子纠的政敌，没想到只射中了小白的衣服带钩，小白并未受伤。

魏徵援引这段故事，是想为自己辩解，可是，李世民反倒将了他一军："管仲一心为主，忠节可敬；魏公自比管仲，也足见高风。可魏公想必不会不知，齐国君位终为公子小白所得,是为齐桓公。齐桓公未记管仲一箭之仇,管仲也并未食古不化。他接受了齐桓公的拜相之请,辅佐齐桓公建立了霸业。本王不敢妄比齐桓公,魏公却当效管仲!"

魏徵反唇相讥:"魏徵敬慕管仲,是因他力助先主公子纠,并非赞同齐桓公杀害公子纠!"

李世民脸上掠过一丝微红,强作镇定地说:"几年来,太子、齐王视我为大敌,必欲除之而后快。玄武门之事,实为忍无可忍,也是为了大唐的长治久安,决非为了一己之私利。"

魏徵撇了撇嘴:"不是为了一己私利?那么请问,太子、齐王的子嗣为何全被你斩尽,还不是为了保住你夺得的储位?还有,齐王妃杨氏,也被你收入府中,此种杀弟夺妻的丑事,难道也可堂而皇之地称曰'为了大唐的长治久安'吗?"

几句话揭穿了李世民的隐私,李世民不禁羞得满面通红。

齐王妃杨氏是前天夜里被秘密引入秦王府的。这杨氏年方22岁,生得体态风流,楚楚动人,长孙夫人与她很要好,常邀杨氏到秦王府叙旧,并借机探听太子、齐王行止,李世民因此常与杨氏相见,二人眉来眼去,情意绵绵。李元吉被杀后,她惊骇万分,痛哭不止,李世民派长孙夫人前去抚慰,并请她来秦王府居住。

杨氏是一个水性杨花的女人，想到齐王已死，不能再生，依附秦王，今生也有个寄托，于是半嗔半喜，半推半就，转而成了秦王之妃。

俗话说，打人勿打脸，骂人休揭短。李世民一听魏徵提起此事，恼羞成怒，大喝："放肆！"

与此同时，两个兵士大步上前，反剪了魏徵的双臂。长孙无忌、程知节等也拔刀出鞘，只等李世民令下。

李世民厉声问："你为何离间我兄弟骨肉？"

魏徵毫不隐讳地回答："东宫和秦王府乃多年政敌，势不两立，有先太子必无秦王，何谈兄弟骨肉？"

"你助纣为虐，为虎作伥，该当何罪？"

"先太子早听我言，决无今日之祸。太子既遭不幸，魏徵也不愿苟活。要杀便杀，不必多问了！"

"立斩！"

两兵士迅速地将魏徵绑了。正要押下殿去，忽听一声传呼："圣旨到！"

一太监上殿，展开圣旨："秦王接旨！"

李世民离座，跪地接旨。

太监宣旨："太子、齐王作乱，罪当伏诛。诏立秦王李世民为太子，军国庶事，悉由新太子裁处！"

"谢皇恩，臣李世民领旨。"

长孙无忌走近魏徵："魏徵，你还顽抗到何时？"

魏徵道："魏徵绝非趋炎附势之辈！"说毕，挺着瘦小的身躯，向殿外走去。

看着魏徵的背影，李世民露出钦佩之色："你还有遗言吗？"

魏徵停步，回头道："日后如嗣大位，但愿能铭记创业维艰，体谅百姓寒暖，守业安邦，励精图治，莫蹈亡隋旧辙！"说到这里，又摇头冷笑道，"多余之言，不说也罢！"

李世民走上前去，道："魏公忠节可敬。李世民虽无奇才，却早已以身许国！"

房玄龄也劝说道："玄成，新太子殿下素知你的才学与为人，对你垂慕已久。当初你刚从窦建德军中归唐，太子殿下便欲召入府中，不期你却先入东宫，殿下为此曾后悔多日呢。"

魏徵听了这番话，怒气稍有缓解。回头看，只见李世民仪表威严，神采照人，暗忖：这秦王确实有天日之表，定是经国之才！

房玄龄又道："新太子殿下功盖天下，因被兄弟所嫉，屡加谋害，才有玄武门之变。而今，万岁见众心所归，已有内禅之意。你素有为国为民之大志，何不辅佐有为之主干一番事业呢？"

魏徵的心绪乱了。长期以来，浸淫着儒家思想的家教在他心中打下了深深的烙印。他曾置家境衰落于不顾，闭门读书，专攻儒家经典；他曾以儒家的伦理道德观念看待隋末的群雄竞起，并以儒家的理论约束着自己的行动……

魏徵正这样想着，只听李世民又异常诚恳地说："为了我大唐的盛业，魏公还是留下来吧。如蒙不弃，那就请留任东宫，拜詹事府主簿。"说着，亲自走上前去，为魏徵松了绑。

魏徵的思想防线被彻底摧垮了。他双腿一屈，跪在地上。

李世民诚恳地说道："魏公有何要求，尽管直言。"

魏徵想了想，说："罪臣委身东宫以来，出入龙楼，备受先太子恩宠。今日不能随死，于心难安。望能容臣在太子、齐王下葬之日，送至墓所，以报前宫深恩，并尽旧臣之忠。只此一桩，望予体谅。"说到这里，魏徵十分伤感，泪水纵横。

李世民深为魏徵的忠诚所感动，暗想，此等忠烈之士，来日也一定能忠心事我，便说："难得魏公一片忠心，本王即去向父皇请旨，待二王葬日，魏公及二王旧僚可送至墓所。"

"谢殿下！"魏徵双手伏地，郑重地给李世民叩了个头。

当日，新太子李世民迁往东宫，原秦王府官员同时前往。以长孙无忌为左庶子，房玄龄为右庶子，尉迟敬德为左卫率，程知节为右卫率，其他官员都改任新职，魏徵也届时到詹事府赴任（参见孝廉、玉恒著：《魏徵秘史》，群众出版社1987年版）。

招降魏徵是李世民化仇敌为良佐计划的第一步。

他的用意是：让魏徵给逃亡在外的前太子、齐王余部做个样子，并用他前去招降李建成的余党。

再说薛万彻，他躲到终南山可不是为了求官。他不能忍受那种"对坐读书终卷后，自披衣被扫僧房"的生活，也没有"采薇食蕨茹辛苦，彻夜读书向灯烛"的苦学精神，因为他不想求得仕进，也不想常伴青山。他来到这里，完全是出于无奈。作为一个前宫旧人，除了这深山老林，哪里还有他的容身之所呢？

但是，薛万彻对于深山隐居，实在难以适应，不出一个月便清寂难挨了。

薛万彻自入深山，便如进入另一个世界，很想知道一些山外的情况，便请暂居的丰德寺的方丈刘九经代为引荐，找了个机缘和京畿新丰县主簿攀谈起来，主簿告诉薛万彻，皇上已诏立秦王李世民为太子，委以国事。新太子虚怀若谷，不计前嫌，重新起用仇敌魏徵等人。并说，现在还有一个东宫将军薛万彻逃亡在外，对此，新太子很是忧虑。

听到这里，薛万彻心里一惊，匆匆搭讪了几句，离开了丰德寺。

不久后的一个拂晓，一队兵士包围了薛万彻的山中茅舍。

薛万彻寡不敌众，终被擒获。

这支兵马是新丰县令权万纪派出的。

原来，那位新丰县主簿并非只是前来山中寻访故地，他还有一个重要的使命，就是寻找薛万彻的下落。这位主簿在丰德寺偶遇薛万彻，交谈中觉得他气度非凡，迥异于文人隐士，回府后便向县令权万纪作了禀报。

权万纪断定是薛万彻无疑。他求赏心切，派兵前来搜捕。

薛万彻被押至县衙，权万纪便把他严密看管起来。第二天，他带领一队兵士，亲自押解薛万彻前往长安进见魏徵。

魏徵问："看样子，权大人是要把他解送京师了？"

权万纪自豪地说："下官正是此意。"

魏徵道："朝廷已有诏令，凡前宫和齐王府旧人，一律赦免，不再追问。如此看来，莫如将薛将军放了，听其自便。"

"放了？"权万纪惊得目瞪口呆，"这薛万彻乃在逃要犯，好不容易捉到，怎能放走？要是朝廷怪罪下来，谁担当得起？"

魏徵道："权大人尽管放心，此事由我魏徵一人担当。"

权万纪心里说：你不过一个五品朝官，你做得了主吗？况且，你也是前宫旧人，你不怕担嫌疑？但是，他嘴上却说:"有魏大人做主,下官自然放心。不过……我是怕万一有人说大人徇私情……"

魏徵闻此,心中一震。

是啊,薛万彻和我是老相识,且同为前宫僚属,把他放掉,不会有人说三道四?但他又想,古时大臣出使,只要对国家有利,就可做主。新太子对我如此信任,我怎能不以忠诚相报?再说,招抚薛万彻及前宫旧人,是新太子赋予我的使命,并给予我自行处理事宜的大权,我还顾虑什么呢?

想到这里,魏徵坚定地说:"政令之要,在于取信于民,维护政令之尊严也是为臣之职责。权大人不必多虑!"

眼看着到手的好事被魏徵搅了,权万纪心中怨恨不已,但魏徵是朝廷派来的,权万纪也不好违抗。

他不冷不热地说:"既然这样,下官从命。望魏大人好自为之!"说罢,给薛万彻松了绑,命令兵士打道回府。

薛万彻谢过魏徵,径自走开了。不过,他没有重返终南山,而是在一天中午,突然出现在朱雀门前。

兵士把他引至宫中,他见到李世民,伏首便拜,深悔过错,表示愿意效命国家。

李世民不计前嫌,拜薛万彻为右领军将军。

魏徵和薛万彻的归附,对李建成、李元吉余党是一个极大的震动。有的放下武器,向朝廷投诚;有的销声匿迹，散归乡里……李世民未动用一兵一卒，便使一支强大的敌对势力迅速瓦解了。

对此，李渊也感到欣慰，他不希望天下大乱。他下诏传皇帝位给李世民，自称太上皇，带着尹妃等一些宠爱的妃子，退居长安城北的大明宫中。

时间已是武德九年（626）八月。太阳虽然还是火辣辣的，但炎热的日子毕竟快过去了。

4.踌躇满志登大宝

武德九年（626）八月八日，李世民的登基大典在东宫显德殿举行。

五更时分，建福门内待漏院的大门开启，文武百官有序进入院内，按品级站好，等待禁门开启。不久，皇城南街禁止行人来往，禁门开启，百官进入，先是文官，后是武官，有序地往显德门走去。

到达显德门的时候，文官由东门进，武官由西门进，显德殿列仗卫，李世民从西序门出，坐到御座上。只见李世民头戴朱红花冠，身穿黄色龙纹衮袍，服十三环金玉革带，足蹬乌皮六缝靴，神采奕奕，英姿焕发。御座前面的文武百官、各国和诸部族使节、近畿刺史、县令分别坐在两侧，殿外装饰一新，有金甲武士、鼓吹、歌舞伎，令人心情振奋（参见徐帮学主编：《创造历史的风云人物：千古圣君——李世民》，吉林教育出版社2010年版）。

首先三声炮响，随即12面金鼓齐鸣，宣告大典开始。侍中宣读皇帝即位诏书，授予李世民受命宝玺，宝玺上刻有"皇天景命，有德者昌"8个隶字。在典仪一声"拜贺"中，来者依次向新皇朝贺，最后一齐向皇上行大礼，山呼万岁，共祝唐祚万年，景福长存（参见徐帮学主编：《创造历史的风云人物：千古圣君——李世民》，吉林教育出版社2010年版）。

接着，舞队上场，演出的是大型武舞《秦王破阵乐》。武舞由128名武士表演，他们身披银甲、手持剑戟，随着金鼓的节拍击打、跳跃、旋转、变阵，气势恢宏。舞队前面四面旌旗，后面八面旌旗，一如八阵图四头八尾之制。乐队忽地擂起大鼓，并伴有龟兹乐，此时歌伎以歌声相和：

受律辞元首，相将讨叛臣。
咸歌破阵乐，共赏太平人。

在场的人无不为这盛大的歌舞所感染，扼腕踊跃，高呼万岁。

《秦王破阵乐》本来就是军中庆祝胜利的歌舞。李世民在武德三年（620）战胜刘武周后，为庆祝胜利而引入了乐曲《秦王破阵》。后来,李世民将其引入宫中,并亲自设计,再经宫廷太乐令的加工、整理,还有魏徵配词,终于在大典上第一次成功演出。

李世民要在大典上演出此舞,一是遵循旧制,歌颂功绩;二是提醒自己创业之艰辛,不忘居安思危。

大典后,宫中御宴开始,只见着锦绣衣的宫女不断穿梭于宴前,宴者依次向李世民敬酒,宫中一片欢腾气氛。

当日,李世民大赦天下,免灾区税租,立长孙氏为皇后,改寝宫承乾殿为承庆殿。

秦王府的旧臣和部下都受到了封赏,尤其是参与玄武门事变的功臣,如记事参军房玄龄授中书省长官中书令,尚书右仆射萧瑀迁尚书左仆射,礼部郎中长孙无忌为吏部尚书,程知节为右武卫大将军,尉迟敬德为右武侯大将军,李靖为兵部尚书,原北门守将常何授右骁卫中郎将,戴胄授大理寺少卿,中书令封德彝授尚书右仆射等(参见徐帮学主编:《创造历史的风云人物:千古圣君——李世民》,吉林教育出版社2010年版)。

看到大殿两侧的文武大臣——他们来自不同集团,曾对立、斗争过,但此时都已经统一参与国政,刚刚29岁的李世民颇感欣慰,他将要带领大唐走向强盛!

7天后便到了中秋节,唐太宗邀请了文武近臣和来京参加庆典的几位外官在宫中赏月,君臣同乐,频频举杯,对月畅谈。乐工奏起优雅的曲子,舞伎在月下轻扬绸带,舞姿轻盈,曼妙动人,舞乐谈笑的场景,好似一幅天上仙境之画。

幽州都督武士彟坐在离唐太宗很近的地方向君王敬酒,唐太宗便问起幽州的近况。

武士彟回答:"李瑗余党已灭,幽州恢复安定,郊外还有白狼出现,谷子也长出了大穗……"

武士彟还没说完,太上皇便道:"古人有云,王者仁德明哲则见白狼;甘露普降,风雨应时,则生嘉禾。这可是难得的祥瑞啊!"唐太宗也很高兴地说:"布施善政,方可祥瑞屡臻。爱卿当加倍尽力,治好幽州,为天下表率!"(参见徐帮学主编:《创造历史的风云人物:千古圣君——李世民》,吉林教育出版社 2010 年版)

武士彟起身,向唐太宗表示尽忠领命,一时间在场的各位官员也起身表忠心,酒宴上又响起一片"万岁"之声。

这个中秋节,长安城内家家户户都在院中摆放茶点瓜果,大人们一起赏月、交流情感,小孩子嬉戏打闹,坊间不时传出丝竹之声,令这个夜晚更加祥和、安静。

李世民即位后,第一个需要解决的问题就是调整中枢核心集团,这个武德时期的宰相班子曾协助高祖进行最高决策,具有不可侵犯的地位。李世民知道要推行自己的新政就必须调整这个班子，建立自己的核心政治集团。

但是自己刚刚即位，又经过玄武门事变，内廷存在一些不稳定因素，此事绝不可大张旗鼓地进行，而是需要逐步调整。

在李世民被立为太子时，高祖李渊就下诏："自今军国庶事，无大小悉委太子处决。"说明此时李世民已经实际掌握了军国大权，他的决策集团便是东宫骨干人员，包括：宇文士及为太子詹事，长孙无忌、杜如晦为左庶子，高士廉、房玄龄为右庶子，尉迟敬德为左卫率，程知节为右卫率，虞世南为中书舍人，褚亮为舍人，姚思廉为洗马，魏徵为詹事主簿。李世民的这个东宫班子就是改造高祖核心集团所做的第一步。

武德九年（626）七月初，李世民对中枢集团结构进行了一次调整，充实了东宫官属的高士廉、房玄龄担任宰相之职：高士廉为侍中，房玄龄为中书令；长孙无忌、

武则天之父——武士彟

杜如晦虽未入宰相班子，但却掌握了尚书省中重要的吏部和兵部的权力：长孙无忌为吏部尚书，杜如晦为兵部尚书；萧瑀为尚书左仆射，罢免杨恭仁相位；杜淹为御史大夫，出任监察官吏；魏徵、王珪、韦挺等人为谏议大夫，置于左右，以备顾问。调整了核心人员，李世民就完成了改造高祖核心集团的第二步。

第三步是罢免裴寂。裴寂是唐高祖时最受重用的宰相，字玄真，蒲州桑泉（今山西省临猗县）人，出身于河东裴氏西眷房，曾参与密谋了晋阳起兵，与李渊关系密切，但与刘文静有矛盾。刘文静是李世民最为重要的谋臣之一，是晋阳起兵的元谋功臣，后来因军功勋著遭到裴寂的排挤，刘文静自认才干长于裴寂，不甘于位居裴寂之下，于是二人的嫌隙越来越大。有一次刘文静与其弟一起饮酒，醉酒之后竟挥刀说一定要杀掉裴寂，此话不知怎么传出去了，被人告发到朝廷，李渊就派人查实。刘文静也没有抵赖，承认是酒后失言，李世民也为刘文静说话，但裴寂不顾李世民的情面，上报高祖说："文静才略，实冠时人，性复粗险，忿不思难，丑言悖逆，其状已彰。当今天下未定，外有勍敌，今若赦之，必贻后患。"（《旧唐书·刘文静传》）高祖大怒，将刘文静与其弟以谋反之名杀害。李世民对此事一直耿耿于怀，直到贞观三年（629），终于为刘文静昭雪。刘文静之事是原因之一，其二是在皇储之争中，裴寂站到了李建成的一边，这可以说是根本原因。其三就是裴寂与李世民的为政方法不同，《旧唐书·裴寂传》记载唐太宗常斥责裴寂说："武德之时，政刑纰缪，官方弛紊，职公之由。"这也表明了李世民对高祖政治的否定。鉴于以上种种原因，李世民决定罢免裴寂。

唐太宗罢免裴寂的过程比较和缓。武德九年（626）十月，裴寂加食实封1500户，在所有功臣中位居第一，但是削去了其实际权力。贞观三年（629）正月发生了沙门法雅事件，牵连裴寂，裴寂被赶出京城，回到家乡蒲州。不久，附近有个精神不正常的人说："裴公有天分。"裴寂整日惶恐，便派杀手将其杀害。唐太宗得知此事非常生气，对大臣们讲："寂有死罪者四：位为三公而与妖人法雅亲密，罪一也；事发之后，乃负气愤怒，称国家有天下，是我所谋，罪二也；妖人言其有天分，匿而不奏，罪三也；阴行杀戮以灭口，罪四也。我杀之非无辞矣。议者多言流配，朕其从众乎。"（《旧唐书·裴寂传》）于是将他流放到静州（今四川省旺苍县境内，参见李金水主编，程桐著：《唐太宗李世民全传》，企业管理出版社2012年版）。

唐太宗在罢免裴寂的同时，拜中书令房玄龄为尚书左仆射，兵部尚书、检校侍中杜如晦为尚书右仆射，刑部尚书、检校中书李靖为兵部尚书，尚书右丞魏徵，守秘书监，参与朝政。经过几年调整，朝廷逐渐形成了以房玄龄、杜如晦二人为中心的宰相班子。杜如晦于贞观四年（630）三月病逝，宰相班子也发生了变化，但房、杜开创的规模及其精神却保留了下来。如贞观四年（630）宰相班子由房玄龄、魏徵、李靖、温彦博、王珪、戴胄、侯君集等人组成。这些人均是当时人杰。在一次宴会上，王珪曾对以上人物作过"品评"，他认为房玄龄"孜孜奉国，知无不为"；李靖"才兼文武，出将入相"；温彦博"敷奏详明，出纳惟允"；戴胄"处繁治剧，众务毕举"；魏徵则"耻君不及尧舜，以谏诤为己任"；王珪对自己的评价是："激浊扬清，嫉恶好善。"这一班人团结协作，恪尽职守。由于他们都曾经历过隋末的斗争，目睹了隋灭亡的过程，因此，他们在政治上敢于革故鼎新。也正是由于贞观君臣的努力，才开创了贞观之治的崭新时代。

贞观时期，李渊的大臣仍参与政事的还有萧瑀、陈叔达、宇文士及、封德彝。封德彝已于贞观元年（627）病死。且于贞观十七年（643）他"潜持两端，阴附建成"的事被揭发出来，死后也遭到了惩罚。封德彝也未对贞观政治构成影响。萧瑀、陈叔达、宇文士及虽然也是武德时期的宰相，但他们却属于世民一派。贞观时期唐太宗一直把他们作为德高望重的名臣以礼相待。他们同房、杜相比，思想上守旧，缺乏进取精神，因此唐太宗就把他们从宰相职位上调换下来。不过萧瑀时罢时升。如武德九年（626）七月，迁尚书左仆射，当时房玄龄、杜如晦新用事，萧瑀与他们发生矛盾，房玄龄、杜如晦是唐太宗依靠的主要人物，因而唐太宗支持房、杜而罢去了萧瑀的相职。但不久，又"复为尚书左仆射"。不久，又因同陈叔达在殿廷上"忿诤，声色甚厉"，萧瑀、叔达皆因不敬，免官。贞观元年（627）六月"复以太子少师萧瑀为左仆射"。是年十二月，"左仆射萧瑀坐事免"。贞观九年（635）"拜特进，复令参预政事"。贞观十七年（643）"拜瑀太子太保，仍知政事"，"仍同中书门下"。也就是在这一年，萧瑀与长孙无忌等24功臣图像描画于凌烟阁，可见他在政治上的地位一直比较高。萧瑀同房玄龄等人有矛盾，"玄龄、魏徵、温彦博尝有微过，瑀劾之，而罪竟不问，因此自失"。萧瑀曾指出：房玄龄等人结党营私，不是专心为皇上办事。尽管玄龄等人犯有过失，然而唐太宗支持房玄龄等人的态度不变。为此，唐太宗曾对萧瑀说："为人君者，驱驾英材，推心待士，公言不亦甚乎，何至如此！"还说："知臣莫若君，夫人不可求备，自当舍其短而用其长。"因而也使太宗"积久冲之，终以瑀忠贞居多而未废也。"（《册府元龟》卷三百三十六）

唐太宗与唐高祖的用人观念不同，唐高祖李渊门阀观念很强，他的中枢机构人员都出自门阀世家，如裴寂、裴矩、萧瑀、封德彝、杨恭仁、陈叔达、窦威、窦抗、宇文士及等，唯有刘文静出自民间，最后还遭到暗算不得善终；唐太宗对门阀理念不甚在意，他用人唯贤，又了解民间疾苦，所以身边聚集了来自各个阶层的人才，这些人才中的佼佼者组成了他的中枢班子。

封德彝

　　唐初，高祖就沿袭了隋朝制度，并逐步完善；到了贞观时期，唐太宗又采取了一系列改革措施，加强了中央集权，改善了国家职能，加快了社会经济发展，稳定了社会秩序（参见黄中业著：《唐太宗李世民传》，吉林人民出版社2010年版）。

三、贞观之治,开启大唐荣耀

1. 德治为主定天下

古今中外,统治者的统治术都是以理想吸引人、以道德教育人、以法律约束人。但是以理想吸引人、以道德教育人为主,还是以法律约束人为主,却大有区别。前者即德治、王道,以仁义道德治国,安抚百姓;后者即法治、霸道,以严刑峻法治国,镇压百姓。前者是儒家所主张的,后者是法家所主张的。当然,这并不排斥德治中辅之以法治,法治中辅之以德治。

唐太宗治国的指导思想是德治还是法治呢?

贞观初年,君臣为此展开过一场大辩论。起初,太宗和大多数大臣都主张法治,唯独魏徵主张德治。正如太宗后来回忆的那样:"贞观初年,众人都说是如今一定不能实行帝道(无为而治)、王道,只有魏徵劝我实行帝道、王道。"

辩论的经过如下:

太宗说:"如今是在大乱之后,恐怕百姓不容易教育好。"魏徵反驳说:"不然。久安的百姓骄逸,骄逸便难教;经过战乱的百姓愁苦,愁苦便易教。凡是人在危难的时候,便担心死亡;担心死亡,便想要安定;想要安定,便容易教育。这就好像饥饿的人不挑食物,口渴的人不挑喝的水。"太宗反问道:"善人治国百年,才能使残暴的人不作恶,废除死刑。大乱之后,哪能很快就达到天下太平呢?"魏徵回答说:"平常人是这样,英明的君主就不同了。如果英明的君主实行教育,君臣上下齐心协力,百姓迅速响应,那么不想快也会很快取得成功。一年就可以治理好国家,相信这并不困难;三年成功,还说是晚的呢。"封德彝反驳说:"三代(夏、商、周)以来,人心逐渐变得轻薄、欺诈,因此秦朝专门运用法律治国,汉朝兼用王道、霸道,这是因为想要教育而做不到,哪里是因为能够教育而不想做呢!魏徵是书呆子,不识时务,如果相信他的空论,必定会败坏国家。"魏徵驳斥说:"五帝(黄帝、颛顼、帝喾、唐尧、虞舜）、三王（夏禹、商汤、周武王），不更换百姓来治国。实行帝道便成就帝业，实行王道便成就王业，仅仅在于当时的治理、教育而已，看看古代典籍的记载，就可以得知了。……如果说人心逐渐轻薄、欺诈、不淳朴，那么到今天应当是全部变成鬼魅了，哪里还能够教育他们呢？"封德彝等人无言答对，但内心还都不以为然。然而，太宗是个讲理的人，谁说的话有道理，他便照办。所以，他决定把德治作为治国的指导思想。

贞观元年（627），太宗说："我看自古以来的帝王，拿仁义治理国家的，国运长久；用刑法治理百姓的，即使能够暂时纠正弊病，国家败亡得也迅速。既已见到前代帝王的往事，足可以作为借鉴。如今打算专拿仁义诚信来治理国家，希望革除近时人情轻薄虚浮的风气。"黄门侍郎王珪回答说："天下德行仁义损伤丧亡很久了，陛下承接它留下来的弊病，发扬道德仁义，改变风气，这是万代的福分。"

贞观二年（628），太宗对侍臣说："我以为国家乱离之后，世风民俗难得改变。近来看见百姓逐渐懂得廉洁，知道羞耻，官吏百姓奉公守法，盗贼日渐稀少，从而知道人没有不变的习惯，只是看国家政治是治理还是混乱罢了。因此治理国家的办法，必须是用仁义安抚，用威严诚信示范，依顺民心，废除苛繁的政令，不搞歪门邪道，那么自然会安定平静。你们应该共同进行这件事。"

贞观四年（630），房玄龄奏言说："最近检查武库，看见所藏兵器远比隋代充足。"太宗说："修整兵器防备寇贼虽然是要紧事，但是我只希望你们留心治理国家的策略，务必竭尽忠诚，使百姓安居乐业，那便是我的兵器。隋炀帝难道没有兵器？恰恰足以导致他灭亡的，正是由于他不修仁义，百姓怨恨背叛的缘故啊！要理解我的这个心意，应当以德行仁义来辅助我。"

贞观九年（635），太宗对侍臣说："观察古代国君，推行仁义，任用贤良，就天下大治；推行暴政，任用奸邪，就失败。"

贞观十三年（639），太宗对王珪说："树林茂密鸟就栖息，水面宽阔鱼就游动，仁义积聚百姓自然归顺。人们都知道畏惧、躲避灾害，不知道实行仁义灾害就会产生。仁义的准则，应当记在心里，经常使它继续发展下去；如有片刻懈怠，离仁义就已经远了。犹如饮食供养身体，常使肚子吃饱，才能够保存生命。"王珪叩头说："陛下能知道这些话，天下百姓太幸运了！"

后来，唐高宗刚即位时，曾经召集宰相和弘文馆学士到中华殿，问道："什么是王道、霸道？应当以哪一种为先呢？"令狐德棻回答说："王道是用仁义道德，霸道是用严刑峻法。从三王以上，都实行王道；只有

令狐德棻

秦朝用霸道，而汉朝则王道、霸道兼用；到魏、晋以下，王道、霸道都失掉了。如果要用，王道最好，但实行起来最难。"唐高宗接着问道："如今实行的，哪些政事重要呢？"令狐德棻又回答说："古人处理政事，心情清静，事务简单，以这两点作为根本。如今天下太平，年谷丰登，轻徭薄赋，少征兵役，这就合乎古道。为政重要的，没有超过这两点。"唐高宗点头说："为政无为最好了。"这里，令狐德棻实际上是在向高宗传授太宗德治为政的经验。

唐太宗既认识到马上得天下，不能马上治天下，刻苦学文，他就必然崇尚儒家学说。太宗在贞观二年（628）对侍臣们说："朕现在所爱好的，只在尧、舜的准则，周公、孔子的教导，当作像鸟有翅膀，像鱼依靠水，失去它必然灭亡，不能片刻没有。"（参见汪篯著：《唐太宗与贞观之治》，求实出版社1981年版）

2. 修订《贞观律》

唐太宗李世民十分重视国家法律的修订，他认为应当以法律作为治理国家的标准。因此，法律的修订成为唐朝官员的重要工作之一。

唐代法律分为律、令、格、式四种形式。律是法律条文，令是有关国家组织制度方面的规定，格是皇帝临时颁布的敕令，式是国家机关的公文程式。唐高祖李渊曾经组织一批大臣，以隋文帝时代制定的《开皇律》为基础制定了《武德律》。唐太宗李世民即位后，就指示长孙无忌、房玄龄等人对《武德律》进行修订，形成了后来成为《唐律》基础的《贞观律》。同时，还编纂和颁布了《贞观令》《贞观格》和《贞观式》。这些法律规定对当时社会和经济的发展起到了一定的推动作用，同时也对后世法律的制定、法制的统一起到了积极的作用。

唐太宗强调立法必须慎重，而且法律条文必须简明扼要。同时，表述一定要准确，不能同罪异罚，即不能同样一种罪，却有不同的惩罚条例。因为如果法律文字模棱两可，含混不清，一罪不同刑，官吏就有了活动的余地，就很容易产生欺诈违法的事。例如，想开脱罪恶就按从轻判处的条款办；要想罗织罪名，就引用刑重的条文。同时,法律规定不稳定也对国家的治理没有什么好处。因此,法律规定一定要一致和稳定。

古语说:刑乱世,用重典。也就是说,只有乱世的时候,皇帝才会用重刑对违法犯罪的人进行处罚,以此来保证自己的统治。中国历史上缺乏详细规定维护公民权利的"法",却有很多详尽规定如何惩罚公民不尽某种"义务"的刑法,历代不但多严刑酷律,而且对某人犯"法"的量刑常依帝王的好恶喜怒随意减轻或加重。唐朝刚刚建立时,民心尚不十分稳定,国家经济发展也十分缓慢。因此,此时更应当采用"放任"的疗法,使国家的政治经济生活环境宽松,使人民身上的压力减轻,用严刑峻法来治理百姓显然是行不通的。所以,唐太宗认为运用法律应当去重从轻,以宽大为怀。

唐初制定《武德律》时,曾对隋朝大业年间烦琐苛刻的法律作了大量删削。即便如此,唐太宗还嫌处刑太重,又对《武德律》作了重大修改。例如长孙无忌等人制定法律时,把原先规定的绞刑改为断趾法,即砍掉右脚。唐太宗仍嫌这种刑罚太残酷,于是就接纳司法官裴弘献的建议,将断趾法改为流刑,即加重徭役,流放到三千里以外,做三年苦力。

贞观元年(627),郿县县令裴仁轨因个人私事而派公堂中的门夫服差役。唐太宗知道以后大发雷霆，要对他处以死刑。殿中侍御史李乾佑劝谏说："法律是陛下同天下人所共同遵守的，而不是陛下自己一个人的。今天裴仁轨犯的是轻罪而被陛下重判死刑，我恐怕从此以后，天下百姓会惊恐万状，执法的人也不知道该怎样执行法律了。"李世民非常高兴地接受了李乾佑的意见，马上纠正了判处裴仁轨死刑的错误决定。

贞观五年（631），张蕴古任大理寺丞。唐朝在相州地方有个叫李好德的人，曾经患过癫狂病，整天胡说八道，自称天星下凡，将来必成大器，君临天下。唐太宗命人把他关进监狱，指示大理丞张蕴古调查处理这个案件。张蕴古汇报说："李好德患疯病有证据，按照法律规定，这种人犯不应当追究刑事责任。"唐太宗采纳了张蕴古的意见，打算宽恕赦免。

但是，张蕴古却私下把唐太宗的旨意告诉了李好德，又和李好德一起下棋。治书侍御史权万纪和张蕴古有私仇，一直在寻找机会陷害张蕴古，他知晓此事后乘机向唐太宗弹劾张蕴古，说："张蕴古是相州人，李好德的哥哥李厚德在相州当刺史，他为了讨好李厚德，便假说李好德有精神病。"唐太宗大怒，下令将张蕴古斩于东市。

但刚刚杀掉张蕴古，李世民就后悔了，于是召来房玄龄责备说："你们接受君主给的俸禄，就应当替我考虑问题。事无巨细，都当留意。现在我有事不问你们，你们就不说，看到不合理的事情你们也不劝阻，你们这样下去还怎么辅助我呢？像张蕴古身为司法官吏，却和囚犯嬉戏，泄露我的话，这样的罪行非常严重，应当受到惩罚。但按照正常的法律，他还不至于被处死。我当时大怒，下令处决，你们竟不说一句劝阻的话，主管的官署也不按照规定予以复奏，便立即把他处决了。这难道是治国之道？"房玄龄点头称是。

因此，唐太宗下了一道命令："自今以后犯了死罪的，即使命令马上处决，也要复审三次，请示三次，然后再执行。"这个规定使得对死刑的处决比较慎重一些，但并没有解决为无辜人犯申诉的问题。张蕴古被斩首以后，司法官吏为了免遭谗言陷害，都不敢从轻处理囚犯。有时有治罪偏重的，上级也不予以查究。这样，被冤的人就很多。

唐太宗觉察到这种情况以后，问大理卿刘德威道："近来法网甚密，许多不该网入的人都网入了，是什么原因呢？"

刘德威回答说："这个原因在陛下身上，不在群臣那里。陛下喜爱宽大就会宽大，喜爱严苛就会严苛。现在国家法律条文规定，官吏对犯人治罪偏重者，官职降低三等；偏轻者降低五等。但是现在，错抓了人可以不负责任，而错放了人却要获大罪。大家心怀畏惧，为了自己免遭祸患，宁肯把无罪说成有罪。这样，刑网自然就密了。"

唐太宗生气地质问刘德威："法律已经制定好了，你们为什么不按照法律来办事呢？你们这不是知法犯法吗？"

刘德威说："张蕴古就是为了替李好德说话而被陛下处死的。且不说他说得对，即使他属错误放人，也远不该处以死刑。只要陛下下令今后一律按法律办事，这种风气立即就会变过来的。"李世民同意了刘德威的意见。

为了改变这种状况，唐太宗一方面调整那些不宜从事法律工作的人，一方面采取措施完善法律程序，从制度上堵塞司法工作中的漏洞。张蕴古之死使唐太宗认识到所谓"复奏"制度实际上已经流于形式。于是，唐太宗修改了原来的"三复奏"制度。重新规定，凡判处死刑的，京城内要"五复奏"（"五复奏"制度，即行刑前一日、二日复奏，行刑之日又三复奏），其他各州仍旧坚持"三复奏"。对于擅自处决人犯和虽经批准却又提前处决人犯的人，要追究刑事责任，严加惩处。

但是，严格依条文定罪，有时也难免有冤案。所以，唐太宗还规定门下省复审案件，如果发现有按照法令应该判死刑而情有可原的，应该记录下来上奏，仍有获得免死从宽的机会。对证据确凿确系犯法并被判刑的罪犯，决不心慈手软，加以姑息。张蕴古事件之后，由于完善了法律制度，办案合乎公允，很少出现冤情，有时甚至连被判处死刑的人也没有怨言【参见杜文玉著:《唐代宫廷史（下）》，百花文艺出版社2010年版】。

3.慎选地方官

唐太宗在加强立法工作的同时，在行政管理和军事改革方面的功绩也十分卓著。

唐太宗要求各行政职能部门能够秉公办事，并注意调整各部门之间的关系，特别是中书省和门下省的关系，要求它们互相监督。

贞观元年（627），他对黄门侍郎王珪说:"国家设置中书、门下两个机构是为了能够互相监督检察，中书省发出的文书如有错误，门下省应当进行校正。人们的意见想法不尽相同，这是正常现象。如果经过互相辩论，能够把意见统一到正确的方向上来，工作就能做得更好。可是一旦有人袒护自己的短处，忌讳听到自己的过失，不肯听从正确的意见;或者为了不得罪人，互相照顾脸面，明知事情不正当，也不纠正，这样只会使百姓遭殃、国家危亡。隋炀帝的时候，大臣们自作聪明，处理事情都是模棱两可，随波逐流，都顺着隋炀帝的意思行事，以为这样做自己就吃不了亏。到了天下大乱，家国灭亡时，即使有个别幸免苟活下来的，也遭到社会舆论的谴责嘲笑，永远被人唾弃。你们一定要吸取教训，应当奉公忘私，处理各种事情互相启发，不要轻易同意别人的意见，人云亦云。"

唐太宗认为，一支精简高效的官吏队伍是国家管理的最大财富。一国行政管理的高效运转，不是看它有多少官员在管理行政事务，而是看它的官员办事效率如何。因此，以官员的实际才能为评价标准，任用有德行和办事能力的人，使他们各尽其用；将每个人安排在他最适合的岗位上，使他们各自担负起所任的职责，这样才能做到精简机构，防止出现臃肿庞大的行政机构，避免出现办事拖沓、互相推诿的情况，从而真正为民办实事，为国办实事。

隋朝末年，为了反抗隋炀帝的残暴统治，许多人招兵买马，割据一方，占地为王。唐朝建立以后，唐高祖李渊设置州府、县衙，封他们为官。因此，唐初州、县的数目比隋文帝时期大约要多一倍。唐太宗即位以后，立即着手革除这种官吏过多的弊病。他根据具体的地理环境，将全国分为十道，即关内、河南、河东、河北、山南、陇右、淮南、江南、剑南和岭南。唐太宗还命房玄龄等人精简国家机构，总共仅设置文武官员643人。

要求精简机构，要求人尽其用，必然就出现对官吏如何选拔的问题。因此，唐太宗要求房玄龄和王珪负责对官吏每年进行考核。他以"四善"作为考核的标准，即品德高尚、政绩卓著、办事公道、勤奋认真。符合"四善"的人才可以被提拔为政府的官员。此外，还要求官员们做到"二十七最"。比如，善于发现才学兼备的人，擢拔人才，是最好的选官；审理案件符合法律规定，合乎情理，处断公允，是最好的法官；重视调查研究，反映和揭发问题准确，是最好的监察官；等等。在具体考核时，还将官吏的成绩分为五个等级。这种随时注意考核，择优任用官吏的政策调动了官吏的积极性。

唐朝所辖地域广大，仅仅靠中央政府治理国家显然不切实际。中央政府只能就国家事务做一个原则上的规定，具体政策还是要依靠地方官吏去施行。因此，地方官员队伍的建设就显得尤其重要。

早在贞观二年（628），唐太宗就曾对大臣们说："我朝地域广大，国家的长治久安依赖地方官吏的秉公行政。我身处皇宫之中，对天下事无法事必躬亲，地方上的都督、刺史就是我的左膀右臂，我最担心的是都督、刺史是否胜任安抚百姓的重任，能否让百姓们安居乐业。我特意在我卧室的屏风上记下他们的姓名，无论坐着还是躺着都经常看他们，谁做了好事，我就记录在他的名字下边。这些人决定着国家的安危，必须称职。"

博州（今山东省聊城市北）茌平有个名叫马周的人，虽然满腹经纶，很有才干，却赋闲在家无事可做。贞观五年（631），马周来到京城长安，暂时居住在中郎将常何家中，做了他的门客。一天，唐太宗诏令百官，要求大家上疏议论政事得失。第二天，常何带着自己的奏折，将它交给了唐太宗。唐太宗看了常何的奏折之后，不禁暗暗称奇，因为奏折上所言的都是针对当今情况的真知灼见，这二十多条治国安民的具体措施样样都合自己的心意。要知道，这常何出身行伍，对文字以及国家治理一窍不通。大家对这件事情感到奇怪，都惊奇常何为什么一夜之间就想出这么多的好主意。唐太宗知道这些建议一定不是常何所提，其后必有高人。于是，就问常何提出这些建议的人到底是谁，常何就老老实实地说是家里的门客马周的主意。

唐太宗一听此话，断定马周是个人才。他望才心切，当天就召见马周。但是，马周平常闲云野鹤惯了，不愿受官府的束缚，所以就借故推辞，迟迟不到。唐太宗求贤若渴，如刘备一般三顾茅庐，四次派人前去催促。马周见唐太宗情真意切，被深深打动，于是就同意见太宗。到马周谒见时，唐太宗同他就国家大事彻夜长谈，相见恨晚，相谈甚欢。马周知识渊博，才思机敏，善于辩论，而且分析问题能够抓住根本，入木三分，这让唐太宗非常高兴，不久就提升他做监察御史。

贞观十一年（637），侍御史马周向太宗上疏说："治理天下要把百姓看作根本。想让百姓安居乐业，关键在于任用合适的刺史和县令。假若每州能有一个好的刺史，那全州就都能得到好处。如果天下各州刺史都能使陛下称心如意，那么全天下的老百姓也就能过上好日子了。自古以来，郡守、县令很多，不可能每个都是贤人，所以要精心选拔那些贤良有德的人来担任；如果朝廷打算提拔某人来做大将、丞相，一定要先让他们试做地方官，或者直接从郡守中挑选人才担任丞相、司徒及太尉。现在皇上只重视对京城官员的选用，轻视对地方官员的任用，对边远地方的官吏任用就更不认真，那里的老百姓至今尚未安居乐业，大概就是

马周

由于这个原因。"

唐太宗看了马周的奏折后，对侍臣说："各州郡守、刺史的人选，由我亲自选拔；县令的人选，请在京任职的五品以上官员各自推举一人，以备选用。"

唐太宗接受马周的意见，谨慎选择地方官吏，在地方上广用有才能的人，为地方上的百姓办了不少实事，也使唐朝的统治更加稳固。由于马周功绩卓著，圆满地完成了很多唐太宗交给他的任务，贞观十八年（644），他被提升为中书令，兼做太子左庶子，不久又任礼部尚书，深受唐太宗重用和喜爱。贞观二十一年（647），唐太宗赠给马周一幅题词："鸾凤凌云，必资羽翼。股肱之寄，诚在忠良。"（《旧唐书·马周传》）对马周的辅佐和忠良深表赞扬。后来人们为了纪念他，在陕西省渭南县官路村南边，修建了一座马周庙，供后人凭吊。

四、武定四方，保境安民拓丝路

1. 大展君威，卧薪尝胆定突厥

就在人们沉浸在唐太宗登基之后的欢乐之中的时候，长安城突然响起了急促的金钲声。骑着快马持戟仗戈的禁军兵士沿街高喊："众百姓听着，圣上有旨，自即时起，各坊里要加强戒备，满18岁的中男备好兵械粮秣，随时准备守卫京师……"与此同时，开远门、通化门、安化门、启夏门等城门都加强了守卫，外城郭重要街口也出现了巡逻的兵士，管理各坊的里正更是异乎寻常地忙碌起来。禁军兵士走家串户，传达着皇上的圣旨，部署着守城的事宜。人们脸上的欢乐情绪顿时被恐怖和惊慌所代替。

长安城的人民对突厥并不陌生,年纪稍长者和读书人都很清楚,突厥分为东西两部后,东突厥雄踞漠北,他们的可汗颉利和突利不时地来骚扰中原,抢掠人畜和财物,是个崇尚野蛮的民族。此时,人们都在街头巷尾地议论着:突厥又打来了!

情况紧急,又有驿站飞马来报:突厥颉利、突利二可汗率兵入寇泾州,现已进抵离京师只有七十多里的武功(今山西眉县东)。

中秋的赏月宴会被打断,唐太宗紧急召开会议,与大臣商议对策。

年已53岁且事唐已久的尚书左仆射萧瑀首先说:"此次突厥来犯,兵多势大,而长安城中兵不过万,诸州兵马又远水不解近渴,如若迎战,断难取胜。据我所知,突厥性贪婪,喜赠物,入寇中原不过是想掠些财物,并无攻城据地之志,只要厚赠金帛,定能不战自退……"

按照以往的议事风格,萧瑀的话一般无人反驳,但这次魏徵却直接提出了不同意见,他说:"微臣以为,金帛子女绝非罢兵弭战的神物。几年来,我大唐赐予突厥的金帛无法计算,但犯边之事却愈演愈烈。先前,突厥不过是在边镇骚扰,而今则长驱直入,兵抵京畿。可见,厚赠求和只能助敌气焰。"

萧瑀依仗自己是秦王府旧人，在玄武门之变中立下大功，心高气傲，更不屑于和东宫旧臣为伍，这次魏徵直接和他针锋相对，不禁让他恼羞成怒，说话也夹枪带棒："厚赠突厥，以罢雄兵，并非本官独出心裁。10年前，义旗初举，突厥来犯，太上皇就是采纳当今圣上的奏言，派刘文静出使突厥，卑辞厚礼。难道这也是屈膝求和？"

魏徵又答道："诸事须依情势而论。当年与突厥连和是为了解除后顾之忧，以便大军推进关中。萧大人饱读经书，想必不会不知秦相吕不韦所辑的《吕氏春秋》吧？其《察今》篇就有这样一则故事，楚人舟行水上，剑坠入水中，刻舟以为记。舟止而下水求剑，贻笑后人。现在，情势变矣，舟已行矣，应敌之策也应改变。"

萧瑀不满于魏徵，用更加尖酸的语气质问："魏谏议忧国忧民，浩然正气，可敬可佩。可别忘了，你站在这太极殿上论政，只不过两个月光景。两个月前，你还在先太子麾下助纣为虐呢！"

唐太宗不大满意地瞅了瞅萧瑀，道："萧仆射，用人之事在于信任勿疑。朕已有言，六月四日以前的事，不宜再提起！"

萧瑀识趣地低下头，不说话了。

唐太宗又问魏徵："魏谏议，你意如何？"

魏徵道："面对强敌，进则存，退则亡；只有针锋相对，别无出路。"

"好，正合朕意！"唐太宗当即定下御敌政策，后独诏兵部尚书李靖制定具体的作战方法，派尉迟敬德领总兵即刻前往泾州（今甘肃省泾川县。参见徐帮学主编：《创造历史的风云人物：千古圣君——李世民》，吉林教育出版社2010年版）。

清晨的阳光穿过飞扬的沙尘，照在前行的队伍上。这些大漠中成长起来的士兵骑着战马，穿着厚重的牛皮战甲，挥着弯刀，雄心满满地向前挺进，十几面大旗在风沙中飘扬，仿佛士兵们必胜的信心。

他们的首领是哥伦将军，年近六旬的他在一个小山坡上眺望着前进中的队伍，神情凝重地指挥道："全军开拔，一个时辰后没有通过山口的士兵，全都处决！"

这时，大漠上突然出现了一骑人马，他们飞快地赶到哥伦将军身边，一个小校下马行礼道："哥伦将军，大汗有令，全军撤回，请将军辰时赶到中军大帐议事。"哥伦将军诧异的同时，面露不悦，他说："为何要撤回？此处20里外便是泾州粮仓，要我放弃是不可能的，你告诉大汗，打完这场仗我就回去了。"见小校为难，他又说道："怕什么，我是他叔叔，他是我看着长大的，骑马都是我教的，你尽管回去复命，我哥伦的骑士都是草原的勇士，是不会空手而归的！"接着，哥伦又下达了攻取华亭的命令。

阿史那氏的首领——颉利可汗，此时正在距离山口15公里外的一顶巨大的帐篷里，这个四十几岁的草原统治者，坐在虎皮交椅上，器宇轩昂，不怒自威，有着不容侵犯的气质。

阿史那氏，崇尚狼文化，意为"高贵的狼"，是繁衍在马背上的游牧民族。阿史那氏人民个个都是勇士，颉利是公认的头号勇士，最勇猛的将领，后来继承汗位，平定了多个部落，使阿史那氏成为唐北方最强大的部落。颉利可汗目光长远，野心勃勃。他即位后，就开始谋划帝国版图，随着他征服的草原版图的扩大，他的目光就落在了草原以南那片广阔的土地上，他甚至征服了南边的长城，大唐几乎伸手可及。此时，长安城中的宫廷发生了内变，这让他感觉时机似乎已经成熟。

唐朝宫廷的血腥味已经传到了颉利可汗的草原上，令他兴奋不已，他决定给混乱中的大唐重重一击。于是，他很快地制定了出兵方案，即刻带领部族直接穿越大漠奔袭长安城。当他的部队行进到距离泾州大约50公里的地方时，颉利可汗接到了一份密报，称泾州守将李艺反唐了。这个消息对颉利可汗来说似乎很及时、很关键，他立即下令停止前进，紧急召集所有部将，商议此事。

话说此时的李艺正沉浸在初战告捷的喜悦之中。

他竖起反唐的旗帜，目标本来也是直捣长安城，不料李世民出兵迅速，加上东面的李靖也来应战，考虑到兵马悬殊，他只好据守泾州。没过几天，李世民的招抚信便送达，李艺对此不屑一顾。随后唐军来袭，李艺带兵出城迎战，结果很快就杀死了唐军二三千人，李艺没料到唐军如此脆弱，还以为李世民多年不带兵，朝廷的兵都成了懒兵散将，其实这次征战的唐军是程知节新征上来驰援乌城的1万士兵，怎敌得住久经沙场的李艺部下。这一次战役，让李艺信心大增，认为拿下长安指日可待。正当李艺心情大悦时，传来华亭被胡骑袭占的消息。

华亭是泾州的粮仓，没有了华亭的存粮，李艺如遭雷击。说到底，打仗靠的就是粮食储备，现在粮食没了，泾州城中有七八万士兵，仅城中的粮食能支撑几天？李艺整日都在长吁短叹。忽然有小校来报，哨楼的士卒发现南关有十几个唐军躲在山顶偷窥，将军吕骥率100亲兵出城捉拿，不想被唐军射死大半，将军本人也中箭被擒。这不禁惹怒了李艺，他带了一队精骑前去事发的山坡查看。

地上横竖躺着几个士兵的尸体，基本上每个人身上只中了一箭。余晖照在山坡上，四周静寂无声，李艺在这片小战场上巡视着，忽然他的目光落在了一具小校的尸体上，尸体上插着一条断了半截木柄的长槊。

唐代骑兵的主要兵器——长槊

李靖

李艺围着尸体转了一圈，神情落寞，对着远处自言自语道："李世民，李世民来了！"

入夜，唐军大营中，李靖、尉迟敬德等一干人立在一堆篝火旁，等李世民来到，李靖怀着惴惴不安的心情，先行跨了一步，对李世民施礼："臣李靖叩迎皇上！"李世民上前扶起，并说道："靖兄请起！"李靖不禁一愣，他还因在玄武门之变中没有支持李世民而不安，便愧疚地说道："皇上，臣怎么当得起这个称呼？"李世民说道："你长朕26岁，还当不得这一个字吗？快进帐说话吧！"说完便将他拉进帐里，随后一干人等陆续跟了进去（参见徐帮学主编:《创造历史的风云人物:千古圣君——李世民》,吉林教育出版社2010年版)。

李世民让大家都坐下商议,各位将领将泾州城的形势一一道来,李世民也将自己瞭望到的情形说与大家。在了解到泾州的城防坚固后,他提出若要硬拼则需数月,当今情况只能巧取。对于巧取的方案,他建议先取华亭粮仓,断其后路,燕辽军便可不战自乱,大伙纷纷同意,便商议攻取华亭的方案。此时,一名小校送来急报,李世民打开一看,竟然是李艺写的求和信,李世民不禁纳闷起来:"朕派人招抚,他不受,这会儿刚打了胜仗又来求和,是什么套路呢?"

众人也不免疑惑起来,不一会儿一位将军来报,吕骥刚刚供出一个重要情况:颉利可汗的部族突然攻击了华亭,带走全部粮草向北去了。这一消息,让帐内的氛围又热烈起来,大伙纷纷说是抓捕李艺的好时机。但是李世民却沉默许久,闭目不语,忽然他猛地睁开双眼,说道:"答应李艺的全部要求!"

尉迟敬德惊讶地问:"皇上,李艺没了粮草,现在不是夺取泾州的良机吗?"李世民用低沉的声音说道:"李艺已经不是咱们主要的敌人了,一个真正的劲敌来了。"李靖若有所思地说:"难道皇上说的是——颉利?"李世民点点头道:"颉利素有四海之志,我朝刚刚经历大乱,这对颉利来说是个大好的机会。"尉迟敬德还是不敢相信："颉利近几年一直在草原各方征战，现今刚刚统一各部，总要喘口气再用兵吧，再说阿史那部不是带着粮草北去了吗？"李世民微微摇头，说道："颉利明知道李艺拥重兵造反，怎会劫粮助我？他是想让我放心攻打泾州，他便可直取长安！"

李世民决定让李靖率灵州（今宁夏回族自治区吴忠市境内）来的人马和大部分秦王府精兵留下监视李艺，自己和尉迟敬德率部连夜赶回长安。临行之前，李世民与李靖进行了一次密谈。李靖在灵州待了一年多，非常了解颉利铁骑的战斗力。他告诉李世民，以大唐现在的实力不宜与颉利决战，李世民问其退兵之法，李靖直言道："举府库之财退之。"李世民大感意外，他说："朕想不到此话出自靖兄。"

李靖惶恐地说："是不是臣说错话了？"李世民道："不是，你说了句实话，但是这话切不可对外人说起，以免干扰军心，你向来都是大唐战无不胜的象征，我要替士兵们保住这面旗子。"李靖又平添了几分敬意，李世民嘱咐他将泾州的局面收拾好之后，赶紧南下，这样大唐的江山才可早日获得安宁！李靖感到了这次的责任之重，同时也下定了不辜负李世民期望的决心。

事情果真如李世民所料，第二天晚上颉利前锋就攻破了武功，武功在京畿之西，到了武功也算得上兵临城下了（参见徐帮学主编：《创造历史的风云人物：

千古圣君——李世民》，吉林教育出版社2010年版）。

接到急报，李世民就和封德彝、长孙无忌、房玄龄、侯君集登上长城检查城防。跟随着引路侍卫急促的脚步，李世民边走边埋怨道："渭河以北各州县的官员都是怎么回事，胡寇都打到武功了，才来报信！"房玄龄回答说："敌人走的是小路，绕过了全部城池，且眼下宫廷刚稳定，一些地方县官还没收到新皇的谕令，还有一些压根就是李建成的余党，故没有人来报信也不奇怪。"

李世民放慢了语速说："这是四面楚歌啊，可今天还有人坚持杀掉魏徵等人，是怕敌人太少吗？"长孙无忌张口想要辩解："我……"李世民立马用手捂住了他的嘴，说道："你什么你！你官至吏部尚书，要有容人之德，有长远之计。"

这时，有士兵喊道："胡骑来了，快放箭！"李世民听到连忙转身去垛口，封德彝刚要拦他，就被一把推开了，房玄龄赶紧召集了一干侍卫跟上，并提醒他把灯熄了。对面传来胡骑的呐喊声，气势很是猖狂，李世民竖起耳朵静静地听了一会，说："听这马蹄声，也就300来骑，一定是敌人的斥候（古代的军中侦察兵）。"

这时，胡骑开始放箭了，矢镞接连不断地落在城头上，形势危急，房玄龄赶紧请李世民下城墙。突然一支箭矢朝李世民飞过来，一个侍卫一闪身挡在了他面前，为了不暴露位置，侍卫忍痛不语。大家被吓到了，长孙无忌、房玄龄等赶紧挡到李世民前面。

李世民大喊道："你们都闪开！"说着他猛地从受伤的侍卫的箭囊中取出弓箭，一箭射过去，只听对面有人惨叫着跌下了马，众人齐声叫好，李世民颇为得意地对那名侍卫说："你叫什么名字？"侍卫答道："末将马宣良。"李世民在他左肩上拍了拍说："好，从现在起，你就进宫伴朕左右吧！"

看着城墙上不断倒下的士兵，李世民心底冒起无名火："侯君集，速点500骑兵随朕杀出北门！"他下达了命令。出于对李世民人身安全的考虑，长孙无忌一干人等纷纷劝阻，李世民拿起一根槊，说道："你们都听好了，我李世民乃大唐天子，有不听我号令者犹如此桩！"说完他手起槊落，路边的拴马桩立马分为两截，臣子、士兵都不敢再说话（参见徐帮学主编：《创造历史的风云人物：千古圣君——李世民》，吉林教育出版社2010年版）。

侯君集迅速集结了500骑兵，受到李世民的感染，这些骑兵个个都热血沸腾。封德彝、长孙无忌、房玄龄也站到了出征的队伍里，李世民却斥责道"文人不必出征"，令他们留在城内。随着城门打开，李世民一马当先，杀向对面的敌军阵营，侯君集紧随其后，众骑兵在后面也飞奔起来。厮杀声激烈起来,房玄龄在城上大喊:"快!掌灯,擂鼓!"一时间,城楼灯火通明。

房玄龄历经大小战役及玄武门之变,此时心里早已澎湃不已,他脱了上衣,冲到大鼓前双手拿过鼓槌,用尽力气敲起来。不一会儿,血就从虎口顺着胳膊流淌下来,但他依旧拼命击着鼓,希望给出征的人打出士气。

远处的厮杀声渐渐小了,随着马蹄得得声渐近,李世民提着长槊来到了城门下,城墙上传来山呼般的欢呼声。李世民将几个首级扔到地上,随后而来的侯君集也扔下几个首级,骑兵们也都欢呼着凯旋。

武功城里新立起来的大帐内,颉利可汗正坐在虎皮交椅上,勃帖递上一块新烤的羊肉,颉利连看都没看,一名小将跪在地上禀报说,自己去长安城北门刺探军情时,遭到了李世民亲率的数万骑兵的袭击,300名骑士均遭毒手。颉利听完拍案而起,大声说道:"长安城总共3万兵马,骑兵不过1万,如何来的数万骑兵?你打了败仗,还要扰乱军心,给我拉下去砍了!"随后,小将被拖了出去。

颉利站起来,踱了几步,说道:"看来长安城的城防没有我们想象中的那样弱,李世民会不会从别处调兵过来了?"然后回头问勃帖:"咱们的后军到哪儿了?"勃帖答道:"回可汗,突利刚到南由,契必何力到了岐山,他们说路太窄,马跑不起来,最快要三天才能赶到。"颉利闷闷不乐地说:"就知道他们不会这么痛快地过来。"(参见徐帮学主编:《创造历史的风云人物:千古圣君——李世民》,吉林教育出版社2010年版)

这时,执矢思力说:"大汗,我看还是不等他们了吧,趁着李世民还没有做好准备,咱们直接杀进长安。"颉利还是坚持道:"还是等人来齐了再攻,先令契必何力部攻下高陵待命,等突利部接近我部时,我率主力从长安城北部的渭水河攻入,对长安形成合围之势。明日你亲自去趟长安城招降李世民!"说完,颉利可汗就阴沉着脸走出营帐,留下执矢思力与勃帖面面相觑。

执矢思力跟勃帖说道:"李世民是会投降的人吗?!"勃帖沉思了一下说:"大汗其实是让你试探李世民的虚实啊!"执矢思力满脸疑惑又无奈地说:"长安城的几万人马还用得着试探吗?我们有20万铁骑,还怕他李世民不成!"勃帖往嘴里塞了块肉,说道:"你以为大汗怕的是李世民吗?"执矢思力一愣,似乎听出了他的意思——突利、契必何力等人迟迟不到,不知道在打什么主意(参见徐帮学主编:《创造历史的风云人物:千古圣君——李世民》,吉林教育出版社2010年版)。

第二天早上,执矢思力就带着随从来到了长安城内的太极殿，面对坐在龙椅上的李世民，他极傲慢无礼地一拱手说道："我是草原至尊之汗的使臣，见过唐朝皇帝！"李世民没有搭理他，沉默许久之后，执矢思力耐不住性子道："你们中原人如此不懂规矩吗？"这时，李世民才严肃地说道："混账！当年武德皇帝并州起兵时，曾和你们可汗盟誓，急难相救，共同对付隋帝。如今你们背信弃义，不请自来，越过长城，叩我京师，你说，是朕不懂规矩还是你们可汗不懂规矩？"

长孙无忌在一旁冷言道："有什么样的可汗就有什么样的臣子，在大唐的朝堂上不行跪礼，还真是胆子大过天了！"侯君集则把手攥得骨头节"咔咔"响，并用坚定的语气对执矢思力说："天子面前，不跪者死！"执矢思力的眼里闪过一丝恐慌后，又仗着兵强马壮的实力说："你们别搞错了，如今我雄狮铁骑在城外候着呢，该你们向我阿史那氏俯首称臣了。你们大唐皇帝从并州起家，就该知道我阿史那氏的骑兵有多厉害，要是识时务，你们就赶紧投降，以免天下涂炭，你们也可保一世富贵！"

李世民大声笑道："光天白日，竟然大话连篇，侯君集，给他安排个地方，再说胡话，一句给他一鞭子！"侯君集抓住执矢思力，拖着就往外殿走去。执矢思力挣扎着说："大唐皇帝，你不能这样对待来使，不能这样对待我，不能——"两个随从吓破了胆，李世民对他们说:"你们回去报信吧,就说我大唐人人皆兵,颉利若敢仗着有几匹战马就来挑战,这儿就是他的墓地!"两人赶紧退出内殿,返回大营。

萧瑀一边拱手施礼一边说道:"陛下囚了颉利可汗的使者,这是否有所不妥?"李世民郑重地跟臣下说道:"颉利派心腹执矢思力来,其目的是探查我大唐的实力,若不拿出强硬的态度,颉利还以为我们软弱,说不定马上就会下令杀进长安城!现在你们还觉得这个使臣不该囚吗?"

表面上沉着冷静的李世民,心里却忐忑不已,如今长安城内只有3万兵马,李靖还未南下,附近的柴绍、张亮等部虽都在赶回来的路上,但兵力也不是很多,难以成大事。面对气势汹汹的20万胡骑,大唐此刻正面临着立国后最大的危机!

这天夜里,李世民召开了自泾阳失陷后的第一次军事会议,几位大臣和众将都聚在承欢殿。由于大部分都是李世民带兵时的部将,他们都习惯将李世民看作天策将军,议论起军事来纷乱嘈杂,直到李世民用威严的目光扫视大家一遍后,声音才渐渐平息了下来。

这次会议开到大半夜,在仔细分析了阿史那部骑兵作战的特点后,根据庞绍提供的最新敌情,李世民作出了断不可死守长安城的决定。长孙无忌问道:"若不能死守,又该用何方法守城?"李世民缓缓说出:"彼攻我城，我攻彼心。"

李世民的部署是出奇制胜，先派兵2万伏击敌军最弱的一路，给对方重创后，立马回营，这样可使颉利在战争中的主动地位转化为被动；另外在城中广布疑兵，如此一来，颉利定会生疑，然后重新调整部署，这样就赢得了时间等待大军回援。

天微亮，李世民便亲自送尉迟敬德和侯君集出城执行伏击任务。送行的人群中，还有侯君集的侍妾和女儿海棠，李世民看到海棠的辫梢上还挂着孝，心中不禁难过。侯君集因支持李世民而被李建成灭族，海棠因从小就寄养在朋友家改了姓才得以生存下来。侯君集对海棠不舍的眼神让李世民深受感触，他上前对侯君集说，只要他这个天子的家小在，就有海棠在，并吩咐侍卫将海棠带回宫中让皇后照料。

侯君集非常感激，他提出留下自己的飞虎军保护李世民，但被当场回绝了，李世民说："你的心意朕心领了，只有你们打得好，长安才会安全，不然我们怎么对付颉利的20万大军啊！"李世民的镇定鼓舞了将士们，他们慷慨激昂地走出长安城门，迎向强大的敌人。

这时，后宫也灯火通明，她们正在赶制布置疑兵的旗帜。在长孙皇后的带领下，各宫包括生病的淑妃都在一针一线地缝制旗子。忙活了一晚之后，终于赶在天亮前缝完了，长孙皇后嘱咐淑妃回宫休息后，将所有旗子都交给了管事的官员去布置疑阵。

已经清晨了，长安城内外都飘满了旗子，李世民穿好盔甲，提着长槊，和房玄龄等6人骑马沿渭河前行，身后只带了2000名骑兵。渭河上一座小桥映入眼帘，房玄龄担忧地问："这座便桥是否应该拆除？"他怕桥被对方所利用。李世民略一思考，回答说："且留着它吧！"几人虽有疑惑，但都没出声，他们相信李世民的决断。远处一匹快马急驰过来，到了近处，一名小校下马跪拜道，敌军进入我军包围圈，已经交战。李世民严肃地说："去告诉他们，全长安的百姓，不，全大唐的百姓都看着他们呢，一定要狠狠地打！"（曹学亮著：《千古圣君——李世民》，内蒙古人民出版社2009年版）小校又上马飞奔而去。

李世民带着一行人继续前行，突然房玄龄好像听到了什么，大惊道："陛下，你听！"李世民停下，仔细一听，远处传来了轰隆声，越来越响，不一会响声就已震彻大地，马也开始原地转圈嘶叫。

终于，颉利可汗的人马接近了渭河，在临近的一个小山坡上驻马查看。透过层层飘扬的旗子，颉利看到了一个规模不大的骑兵阵，旁边的渭河上还有座小桥，这不免让他心生疑惑："为何不拆了这座桥呢？"桥头上站立6人，仔细一看，李世民竟然在列，颉利更生疑惑了："难道要诱敌过河吗？"颉利一边观察，一边思索着。

正在颉利疑惑的时候,左翼传来厮杀声,颉利问道:"怎么回事?速去查看。"不一会儿,有人来报,雅尔斤部遇到大股唐军,双方正在激战。颉利又转向右翼突利和契必何力部,那边丝毫没有动静。颉利心里有些不安,他决定按兵不动,等待消息。

于是,渭河两岸出现了一个可以载入史册的画面:一支十几万的铁骑,一个只有6人的阵列,隔着一座便桥互相对峙。

伫立许久,房玄龄用颤抖的声音对李世民小声说:"皇上,要不您先退回去吧,这儿太危险了,颉利只要一动,咱们全都会变成肉泥。"李世民面不改色地小声道:"如果在路上遇到了老虎,唯一的办法就是跟它对视,你不动它就不敢动,你一转身它就会扑上来。"

然后李世民抬眼朝颉利的大纛望去,顺着大纛找到了颉利,他冲颉利大喊:"对面可是颉利可汗?"

颉利听到李世民的话,回答道:"正是我!李世民,听说你当上了大唐天子,我倒想问你个问题,当今天下该由谁主持呢?"李世民高声说道:"朕知道可汗志在天下,可天下由谁做主不是你我说了算,这得问问天下的百姓心之所向。"

颉利大笑一声,继续说道:"李世民,你看看我身后的铁骑就不会说大话了。"李世民回应说:"朕早就跟可汗说过，我大唐全民皆兵，可汗不信可进城证实一下。"说完便哈哈大笑起来。

整个长安城都飘满了旌旗，这让颉利不禁顾虑了一番，他搞不清旗子下面是兵马还是其他什么。颉利是个足智多谋的可汗，可正因为他考虑太多，才被假象迷惑了，最终他做出撤退10公里的决定（参见黄中业著：《唐太宗李世民传》，吉林人民出版社2010年版）。

颉利的大军慢慢退后，李世民6人还是牢牢地站在桥头，虽然他们的表情坦然自若，但实际上每个人都被汗水浸透了衣服。

颉利在人马扎营后，继续派人打探两翼的情况。他了解到，左翼的雅尔斤确实被尉迟敬德和侯君集部猛烈袭击，而右翼的敌军一直不明，显然是突利和契必何力不想为他卖力。颉利明白有人想坐收渔翁之利，但是此时不能内乱，于是只好派人先去慰问两翼的将领。

李世民又来到伏击敌军的小山上，这次小胜阻止了大敌入侵长安城，这令他很高兴。当看到漫山遍野的尸体时，他又忍不住赞叹颉利骑兵的厉害。在听说飞虎军在紧要关头击伤雅尔斤、夺取对方大旗时，他不禁欣喜地跟侯君集说："这次你的飞虎军立下了大功，朕要奖赏你们，快带朕去大营检阅他们！"

血肉模糊的侯君集此时愣愣地看着李世民，说："皇上要检阅他们？"李世民点头称是。"他们，他们都在这儿了！"侯君集哽咽着说。李世民看着眼前浑身是血的士兵，数了下，共11人。

李世民惊诧地问："就剩这些人了吗？"侯君集悲痛欲绝地点了点头，在场的人无不泣泪，只有李世民忍着心中的悲愤没流一滴眼泪。他坚定地对侯君集说："站好了，就算只有11个人，朕也要检阅我大唐最英勇的飞虎军！"

侯君集整理好情绪，望着士兵们，用嘶哑的嗓音喊出："上马，列队，请天子检阅！"士兵们互相搀扶着上马，有个士兵断了胳膊上不去，李世民亲自将他扶了上去。

李世民上马和随行的臣子一起在这11个人面前一一走过，检阅完毕，他说："都说颉利铁骑英勇无敌，可是真正的勇士在我们大唐，你们用忠诚护卫了国家，大唐一定会强大起来的！"李世民说完望着远处，眼睛里透出血红的光芒。

柴绍

第二天凌晨,柴绍、张亮的援军就到了,接近黄昏又接到了泾州骑兵到达敌军后方的消息,群臣悬着的心终于可以稍稍放下了。此刻又传来了庐江王李瑗、义安王李孝常、长乐王李幼良等起兵反叛的消息,这些李建成余党看来是想要趁乱东山再起。

李世民召集了大臣在中书省议事,大家怀着焦虑的心情站立两旁。李世民思索良久,然后用疲惫的声音下令,命封德彝传旨尉迟敬德,让他带着5万人马攻打李瑗;再传檄右骁卫大将军长孙顺德,令他率3万兵马挡住李孝常和李幼良。

封德彝诧异地问:"那城外的20万铁骑怎么办呢?"李世民道:"对付颉利的办法已经有了,朕去借一支力量就足以应对了。"

封德彝不解:"能调遣的兵都来了,皇上还要去哪里搬救兵?"李世民轻轻一笑,道:"我一直在想一个问题,颉利的前行军只用5天就通过了陇西小道,而后队的突利却走了八九天;契苾何力和突利到了长安城外后一直按兵不动,从不出面。大家觉得正常吗?"封德彝思考着说:"难道他们不是一条心?"李世民猛地站了起来,说:"颉利、突利、契苾何力从前都是草原霸主,若颉利扫平了中原,突利和契苾何力非但得不到任何好处,就连性命恐怕都不保。"大家都若有所思地点点头(参见青露山海编:《贞观天子:唐太宗李世民》，西苑出版社 2010 年版）。

李世民派人到颉利大营议和，并给出优厚的条件，包括钱财和物资等。这一举动似乎让颉利看出了大唐的实力不济，颉利心里肯定是不接受的，正要拒绝时，各部将领却闹起来了。原来突利和契必何力部的所有将领都同意议和，契必何力说既有财物就不要城了；而颉利的几个手下坚持灭唐，反对和谈。

这些将领剑拔弩张的时候，突利说话了，他向着大家说："眼下大唐内外交困，确实是攻打的好时机，但是有了这些财宝怕是将士们都不愿意拿性命去打仗了吧。兵既不想打，首领也无能为力啊！"突利这么一说，除了颉利的几个心腹，其他人都跟着附和起来。颉利无奈地说："既然如此，就议和退兵吧！"

当天夜里，退兵的消息传遍了军营，士兵们欢呼雀跃着，一派热闹景象。颉利却悄悄来到堂叔哥伦的灵前，静坐了一晚。天一亮，刚被唐释放归来的执矢思力就冲进大汗帐里，大声问道："大汗，是真的要退兵吗？"颉利点点头，执矢思力不敢相信地吼道："他李世民就只剩一口气了，为什么？为什么——您下令，让我去打，我把长安城给您拿下来！"

颉利一口气喝了一碗酒，说道："你在长安城所受的委屈，我都记着。可你刚回大营不知内情。打败我们的不是李世民，是我们自己！"沉吟了一下，他又接着说:"我还不知道李世民已经奄奄一息了?可是那些人会让我这么容易得到长安城吗?恐怕我是帮别人打的天下!突利、契必何力,还有处罗,他们个个虎视眈眈,等着坐收渔利呢!"

颉利惆怅地望着帐外,轻轻说道:"李世民的这些财宝让我明白了一件事,这些年,我们虽然都在同一个旗子下,但是心没有在一起,如果我们的心不在一起,无论我们的骑士多么骁勇,都只能在草原上奔驰。我决心回去后把各部的心聚到一起,像打铁一样融在一起。"执矢思力听闻这些,惭愧地说:"大汗,我误解你了……"

八月三十日,颉利和李世民在渭河的便桥之上,斩白马、盟誓约。随后,颉利下令大军向北退去。临行前,他还交代执矢思力将堂叔哥伦悄悄埋在长安城外的原野上,按照草原的规矩没有立碑,或许颉利想以这种方式激励自己,以后还会再杀进长安!

2. 平定吐谷浑,重开丝绸之路

大唐帝国建立起来以后,为了消除邻敌,唐太宗对不服唐朝统治、不断侵扰唐朝边境的民族给予了严厉的打击。

大唐建立之初,国力不强,无法与四周的民族抗衡。

邻国都虎视眈眈,想从唐朝分一杯羹。汉民族作为当时最大的民族,掌握着当时最先进的生产技术,在他们生活着的土地上,创造了大量的财富。四周的国家大都生产技术落后,有的干脆以游牧为主,他们不能充分利用土地进行自给自足,就到处掠夺,来补充自己的不足。

唐统一之后,和西亚甚至欧洲都有贸易往来,由于当时海运不够发达,只能走陆路。丝绸之路就成为对外贸易的重要通道。但丝绸之路正好途经西域各国,他们对丝绸之路有很大的威胁,要想使丝绸之路畅通就必须统一西域。作为一国之君的唐太宗对这种情况非常了解,他审时度势,不作正面迎击;暂时与邻国建立友好关系,对他们的威胁暂时忍耐,暗中养精蓄锐,准备一举击破。

吐谷浑是我国境内一个古老的民族,主要以游牧为主,活动于西北(今青海省)一带。隋末唐初,吐谷浑主慕容伏允在位,号步萨钵可汗。在他执政期间,积极向外扩张,到处掠夺,隋朝边境隔三差五就被吐谷浑的军队掠夺一次。隋炀帝于是派兵进击慕容伏允,慕容伏允败走,大量土地被隋朝收复,慕容伏允也无法在吐谷浑立足,就带领自己的亲信投靠了党项。隋末天下大乱,隋炀帝也无暇顾及边关地区,伏允乘机恢复故地。唐高祖建国后,伏允自愿出兵进攻割据河西的李轨,作为换回在长安为人质的儿子的条件。高祖认为正好可以借伏允的兵力打败李轨,省得唐朝浪费兵将粮草。伏允如约攻打李轨,高祖遂放回他的儿子大宁王慕容顺。

唐初,为了先解决内乱,李渊派李安远出使吐谷浑,和吐谷浑建立了友好关系,但吐谷浑主伏允要求和中国通商,来发展自己的经济。当时唐对吐谷浑采取的是友好政策,以便一心对付东突厥,后来东突厥被打败后,吐谷浑经过数年的积蓄,越来越强大。在唐朝对付东突厥之时,吐谷浑就多次侵入河西走廊,严重威胁唐和西域的交通及经济交流。

太宗时期,也很重视与吐谷浑的关系。一是因为通往西域的道路必须经过吐谷浑境内,要想畅通无阻,要么就和吐谷浑和好,要么就占领吐谷浑。在太宗执政初期,占领吐谷浑是不大可能的事情。另一个办法是在吐谷浑建立一个亲唐的政权,作为屏藩以遏制吐蕃势力的扩张。所以当时有必要找一亲唐的人作为吐谷浑领导者,其中最合适的人选就是大宁王慕容顺。他从唐朝回国后,听说父亲慕容伏允已经立他的弟弟为太子,遭受了巨大的打击。心情郁闷的他也积极寻求帮助,以夺回王位,于是想到他曾做过人质的唐朝(参见赵丰编著:《唐代丝绸与丝绸之路》,三秦出版社1992年版)。

贞观八年（634）五月，慕容伏允假意遣使者到长安通好，却暗中派兵进攻兰（今甘肃省兰州市）、廓（今青海省化隆回族自治县西南）二州。太宗派使者赵德楷去交涉，又被慕容伏允扣留起来。太宗希望能和吐谷浑和平相处，慕容伏允却始终不觉悟。这一切引起了太宗极大不满，便派使召慕容伏允入朝。慕容伏允装作有病，不能亲自去长安，只派使者前去，还为其儿子向唐朝求婚，想试探太宗的态度。太宗同意和亲，但要求慕容伏允亲自来迎亲，慕容伏允不答应，太宗遂中止了婚约。这时，慕容伏允年事已高，其相天柱王执政，慕容伏允宠信不疑。在天柱王的主持下，吐谷浑与唐朝关系越来越恶化。

贞观八年（634）六月，唐朝打败东突厥后，认为吐谷浑对唐的威胁比较大，加之唐朝国内缺乏耕牛、良马，鄯州（今青海省乐都县）刺史李玄运建议：吐谷浑的良马都在青海一带放牧，如以轻兵掩袭，"可致大利"。于是，唐朝决定出动大军铲平吐谷浑。唐太宗马上调集军马，派左骁卫大将军段志玄为西海道行军总管，右骁卫大将军樊兴为赤水道行军总管，指挥边关守军、新附的契丹军、党项军同时分三路进攻吐谷浑。

此时的唐军已今非昔比，他们军力强大，士气高涨，同仇敌忾。契丹、党项历来骁勇善战，有这样的军队从旁相助，可谓如虎添翼，吐谷浑哪能抵挡得住。同年十月，段志玄率三国联军大破吐谷浑，一路赶杀400余公里，吐谷浑被杀得胆战心惊，逃到离青海还有15公里的地方。

唐军这次虽大获全胜，但没有伤其主力，不甘失败的吐谷浑再次卷土重来。太宗大怒，下了"不破楼兰终不还"的决心。李靖闻之，自动请缨，太宗很高兴，但想李靖已经老了，不忍再让他驰骋沙场。李靖却以廉颇自比，决意杀败吐谷浑。

太宗任命李靖为西海道行军大总管，节度诸军。兵部尚书侯君集为积石道行军总管，刑部尚书李道宗为鄯善道行军总管，凉州都督李大亮为且末道行军总管，岷州都督李道彦为赤水道行军总管，再联络突厥、契丹夹击吐谷浑。这次比起上一次出兵，更增添了许多精兵猛将，且兵力远超上次。

贞观九年（635）三月，洮州（今甘肃省临潭县）的羌人叛变，杀死了刺史孔长秀，逃入吐谷浑。太宗急命盐泽道行军总管高额生镇压叛变的羌人，迅速将他们击败。

贞观九年（635）四月，李道宗以迅雷不及掩耳之势打败吐谷浑，慕容伏允怕唐军继续追赶，将几百公里的草场一把火烧得干干净净，后自己逃入碛口躲避去了。

侯君集认为："敌人军队没受到重大损失，人心不散。不能像段志玄一样，军队还没有到鄯州，敌人随后又杀到城下。如今他们正心无斗志，如鸟兽散，君臣父子相失，取之如拾草芥。如不乘机一举消灭，等再聚集起来，必为后患。"

诸将认为：吐谷浑将草场烧得一片狼藉，马没有草吃，追击敌军一定会疲劳瘦弱，那时敌强我弱，后果不堪设想，深入不毛之地是一种错误的战略。

李靖认为侯君集的意见更有道理，于是安排粮草，分兵两路进击。李靖指挥的北路军在馒头山大破敌军，斩其名王，得到大量物资和牲畜，保证了军队的食物，使军心大振。随后在牛心堆、赤水源，连战连捷。但是每一战都打得十分艰难，伏允被逼走投无路，所以就以死相拼。赤水源一战中，薛万均、薛万彻轻骑追敌，中了吐谷浑计策，兄弟二人奋力冲杀，但无奈吐谷浑人多势众，随从所剩无几，而且个个带伤，兄弟二人的战马也被刺死，只好步战。薛氏兄弟战到最后已经变成血人，精疲力竭。正在这危急关头，左领军将军带数百骑赶到，契苾何力冲入敌阵，左冲右突，所向披靡，敌军大骇，四散奔逃，薛氏兄弟才得以生还。

河东行军总管李大亮在蜀浑山（今青海省共和县境内）与敌军相遇，唐军奋勇向前，吐谷浑抵敌不住纷纷跪地求饶，俘虏了一个著名的王。执矢思力在居茹川也大获全胜。李靖所率各军经积石山河源，向前挺进到且末，一直未遇大规模的抵抗，很轻易就穿过西境。听当地人说伏允在突伦川，已无力再战，准备逃往于阗，契必何力认为这是好机会，正好一举消灭他们，薛万均说不能追赶，沿途天气恶劣，几百里找不到水源，一旦处置不好会全军覆灭。

契必何力说："敌人没有城郭，随水草迁徙，如不趁其聚居而袭击，一旦散去，怎能聚而歼之。"

薛万均同意了他的意见，拨给契必何力千余精骑，薛万均随后接应，直取突伦川（今新疆维吾尔族自治区塔克拉玛干沙漠南沿）。这是一段非常艰苦的路程，缺水使得将士们唇干舌裂，浑身无力，不得已刺马血以解渴。大军成功穿过突伦川夜袭伏允牙帐，吐谷浑军不知所以，已经人头落地，士兵无心再战，纷纷扔掉武器投降。这一仗斩首数千，缴获杂畜20余万头，财宝无数。伏允见大势已去，率千余骑逃走。沿途部众散失，走投无路，后被部下所杀。

侯君集等率领的南路唐军也越过星宿川（今青海省鄂陵湖西），返回到相海（今青海省鄂陵湖与扎陵湖），与李靖会合。至此，唐军征伐吐谷浑的战争取得了彻底胜利。

李靖率军击破吐谷浑后，伏允子慕容顺动员国人，认为吐谷浑落到如此地步，都是因为天柱王把持朝政，祸国殃民。慕容顺趁人情愤怒杀死天柱王，率残部投降唐朝。太宗授予慕容顺西平郡王,让其继续统治吐谷浑,作为抵挡吐蕃的屏障。

李靖安定好吐谷浑的人民,便亲率大军回国。

太宗考虑到慕容顺毕竟久在内地为人质,还没有树立威信,难以服众,便命李大亮率精兵数千支持慕容顺。由于吐谷浑人对慕容顺也没有什么好感,到处起来反对他,最后被他的部下所杀,众人拥立慕容顺之子诺曷钵为吐谷浑王。诺曷钵年幼,不懂如何治国,出现了大臣争权的混乱局面。太宗得知后命侯君集率军平定吐谷浑内乱。太宗先下旨抚谕劝解,有哪派不听命令者,就出动大军讨伐。侯君集和李大亮合兵一处,终于平息了吐谷浑混乱的局势。

贞观十年(636)三月,诺曷钵遣使到长安,请求颁赐历法,用唐朝年号。为了表示对唐朝忠顺之心,诺曷钵又要求派子弟入侍长安。太宗一一答应,并封诺曷钵为河源郡王、乌地也拔勒豆可汗。诺曷钵亲自入长安朝见太宗,献牛马羊万头,表示对唐朝的感谢。不久,又请求与唐通婚。太宗封宗室女为弘化公主,嫁与诺曷钵,命淮阳郡王李道明与右武卫将军慕容宝为使,护送公主成亲。吐谷浑大相欲作乱,图谋劫持公主与诺曷钵,不曾想阴谋泄露,大相欲逃往吐蕃,还未来得及离开吐谷浑就被唐朝出兵镇压。从此,吐谷浑归顺于唐朝,年年遣使朝贡。唐朝对吐谷浑取得的胜利保证了河西走廊交通的通畅，同时又对吐蕃势力的扩张暂时起到了遏制作用。

吐谷浑内部矛盾重重，慕容伏允不知整顿内部，反而屡次向唐朝挑衅，最后失败自然是难免的了（参见周伟洲著:《吐谷浑史》，宁夏人民出版社1985年版）。

3. 再通丝路，扫平高昌

唐太宗统一吐谷浑，为打通丝绸之路奠定了基础。接下来威胁最大的是高昌，高昌不但阻隔着丝绸之路，还和西突厥互相勾结，掠夺唐的边疆地区，扫平高昌就可以一举两得，所以进军高昌就成为唐朝接下来的目标。

高昌主要活动在今新疆吐鲁番地区，他们以农业和放牧并重，具有很高的生产力，境内土地肥沃，谷麦一年可以两熟，盛产葡萄和各种水果。他们占领着通向天山南北的出口——古代丝绸之路必经之道。自汉以来，和西亚的通商使丝绸之路繁荣起来，无论是中原王朝，还是西北的游牧民族，都积极争夺并经营这一军事及贸易交通要道。

高昌同样对丝绸之路无比重视，当时统治高昌的是麴氏王朝，他们都是汉人。他们由于种种原因，经过几代的迁移和流浪，在今天山南北定居下来，并长

吐鲁番高昌古城遗址

期统治着这里。他们沿用的是汉族的礼制，官制也是沿用汉族的官制，就连风俗习惯和社会制度也与中原基本相似，无论政治、经济、文化都比邻国的水平高。

唐初，高昌和唐朝的关系还算比较融洽，当时在位的高昌王是麴伯雅。武德二年（619），麴伯雅死后，其子麴文泰继位。当时唐高祖为表示对邻国的友好，曾派使者前去吊唁，高昌也向唐朝贡献过拂菻狗，两国之间互相往来，没有战事。太宗登基后，高昌为表示祝贺，还上贡玄狐裘，太宗非常高兴，也回赠厚礼。贞观四年（630），唐朝以绝对优势战胜了东突厥，高昌归附唐朝，麴文泰亲自到长安朝见太宗。太宗以国家最高的礼仪予以接待，其妻宇文氏请求加入唐朝宗籍，太宗非常爽快地答应了她的要求，封为常乐公主，赐姓李。后来，由于吐谷浑和西突厥迅速崛起，使丝绸之路被阻隔。高昌便又向西突厥称臣，并且垄断了通往西域的商路，损害了唐王朝的利益。

贞观六年（632），唐太宗想通过焉耆（今新疆焉耆回族自治县西南）重新开辟一条通往西域的道路，高昌很不高兴，认为唐朝在故意和高昌作对。因为隋末动乱，西域与内地另一通道闭塞，西域朝贡者皆经高昌进入内地，这样就给高昌带来许多经济利益。这一年，焉耆王龙突骑支要向唐朝进贡物品，请求开通另一条通道，以方便各国和内地的贸易。太宗想遏制一下高昌，便同意了这个请求。高昌王麴文泰听到竟有此事，非常恼怒，他深知仅凭本国力量不足以抗衡唐朝，于是与反对唐朝的西突厥乙毗咄陆可汗结盟，派兵进攻焉耆国。麴文泰之所以恼怒，是因为这一条道如果开通，天山以南各国将不再经高昌到内地，其经济利益会受到很大损害，也影响到过境贸易。从此以后，凡西域朝贡者途经该国，都遭到掠夺，使丝绸之路中的这个交通中转站不大通畅。伊吾（今新疆哈密）是唐朝的属国，高昌与西突厥专门进攻伊吾，掠其人口财物，只要是臣属于唐的国家，高昌和西突厥就进行侵略。

太宗对此极其愤怒，下书谴责麴文泰，要其派心腹大臣阿史那矩到长安解释清楚，麴文泰却毫不理会，只派来一个一般的使者。太宗对其使者说："高昌数年以来,拒不朝贡,所置官员称号,与天朝相同,这是大逆不道的行为。我的使者在高昌听到麴文泰说:'鹰高飞于天,雉低伏于蒿草,猫在厅堂游转,鼠深藏于洞穴,各得其所,岂有不能生存的道理!'又遣使对薛延陀(此时薛延陀还未灭亡)说:'既然你们也称可汗,那就与天子一样,何必见到唐朝使者行拜见之礼!'高昌逆我天威,不扫平你国,别国也会群起仿效。"

贞观十三年(639)十二月,太宗任命交河道行军大总管、吏部尚书侯君集,副总管、屯卫大将军薛万均等准备出击高昌。

高昌王麴文泰听说唐起兵来攻,悠闲地对部下说:"唐离高昌3500公里,流沙无人烟处就长达1000公里,地无水草,寒风如刀,热风如烧,大军还未到达就先死过半。秦陇之北,城邑萧条,还没有隋时繁荣。现在攻我高昌,发兵多粮食供应不上,发兵3万以下,我的兵力足以战胜,以逸待劳,坐收其弊。若屯兵城下,不过20日,粮尽必然逃跑,我出兵追赶,必获全胜。"

不几日,探马来报,说唐军已经成功穿越沙漠,驻扎在碛口。麴文泰没想到唐军会如此迅速,连惊带吓,旧病复发,不等唐军攻到就已经撒手西归了。麴文泰之子麴智盛继承王位,准备为父亲举行葬礼。唐朝探马来报,到时候高昌军队和政府要员都集中在那里。诸将认为应该趁他们聚集之时,消灭他们。

侯君集说:"因高昌无礼,天子才派我前来讨伐其罪,现乘人之丧而偷袭,不是问罪的军队。"于是他命唐军擂鼓,以告知唐军的到来。到达田城后,没有立即攻城,而是宣谕圣旨,令其投降。

麴智盛却不识时务,侯君集命令攻城,不到半日便攻破了城池。城中男女老少7000余口,全部被俘,侯君集下令不准虐待俘虏。

随后,侯君集又命中郎将辛獠儿为先锋,马上赶到高昌都城,把高昌都城团团围起来。晚间辛獠儿便率军赶到高昌都城之下,将高昌的都城围了个水泄不通。

高昌王眼看无法抵挡,无奈之下致书侯君集说:"先王得罪天子,上天已惩罚了他,他已经身故。我继位不久,没做对不起天子的事情,还请尚书怜悯并详察。"

侯君集回信:"如果你真能悔过,我也不难为你,只要你率百官到军门投降,我便从轻处理。"

麴智盛是个没有主意的人,许多大臣都劝他不要出降,坚守城池,西突厥一定会派兵增援,他犹豫不决。侯君集在城外等候出降,但已过约定的时辰,却不见半个人影。侯君集大怒,下令立即攻城。他们用飞石攻城,城中人均躲在家里不敢出来。侯君集命令做巢车,居高临下,俯射城中。城内无法抵抗,只好投降。

唐军一鼓作气攻下22城,得到8046户,人口17700人,土地东西400公里,南北250公里。太宗听到捷报,非常高兴,对征战的每位士兵都给予了奖赏。还对大臣说,"有君集这样的人才,何愁边疆不定,我可以高枕无忧了"。太宗在高昌设西州,以可汗浮图城为庭州,州下设立属县。

太宗将高昌纳入唐朝版图,并派兵驻守在那里,有效地确保了中西交通要道的畅通与安全。第一可以防止像以前一样,唐军一来,各国都纷纷臣服;唐军一走,跟着就又都各自为政,不能使丝绸之路畅通无阻。第二可以防止西突厥联络西域各国卷土重来。

太宗在高昌设置州县,建立安西都护府,永久地把高昌纳入了大唐的版图,为和西方国家进行经济、文化交流创造了良好的环境。太宗此举意义非同一般,高昌成了以后统一西域的中转站(参见余太山著:《西域通史》,中州古籍出版社1995年版)。

五、居安思危，成就一代英主

1. 虚怀若谷，奖励臣下直谏

贞观二年（628），唐太宗与侍臣论治，热切期望"君臣上下，各尽至公，共相切磋，以成治道"。为了开创这一政治局面，其实早在武德九年（626）六月，李世民已着手这项工作了。时值玄武门之变后，李世民被立为皇太子，高祖将军国庶务悉委之处决。李世民一掌权就下令："百官各上封事，备陈安人理国之要。"八月，正式即位。九月，设弘文馆，"精选天下文学之士虞世南、褚亮、姚思廉、欧阳询、蔡允恭、萧德言等，以本官兼学士，令更日宿直，听朝之隙，引入殿内，讲论前言往行，商榷政事"。由于唐太宗的提倡，百官"上封事"者甚多。对于这些奏疏，太宗非常重视。十二月的一天，他对裴寂说："比多上疏言事者，朕皆粘之屋壁，得出入省览，每思治道，或深夜方寝。"太宗还"数引魏徵于卧内，访以得失。征知无不言，上皆欣然嘉纳"。他还诏京官五品以上，让他们"宿中书内省，每召见，皆赐座与语，询访外事，务知百姓利害，政教得失"。

登上皇位时，唐太宗年仅29岁，他却以大政治家的风度出现在历史舞台上。为了励精图治，他特别重视臣下的意见和建议。甚至做到了"恐人不言，导之使谏"，使唐朝出现了一个"主纳忠谏，臣进直言"的局面。但是，在封建专制时代，皇帝拥有至高无上的权力。"王者居宸极之至尊，奉上天之宝命。"触犯皇权，便会有杀身之祸。谏诤是巩固专制统治所必须的补充手段，但进谏从本质上讲又与专制政体格格不入。古人将君主比作龙，古代韩非提出龙的喉下有逆鳞。"夫龙之为虫也，柔可狎而骑也，然其喉下有逆鳞径尺，若有人婴之者，则必杀人。"其实，君主专制政体本身便是逆鳞，如果触犯它，多会招来灭顶之灾。这一点，唐太宗也十分清楚。他说："人臣欲谏，辄惧死亡之祸，与夫赴鼎镬，冒白刃，亦何异哉？故忠贞之臣，非不欲竭诚，竭诚者，乃是极难。"唐太宗的英明之处就在于，他想方设法化解这种矛盾，让大臣们毫无顾忌地直谏。例如太宗发现由于自己"威容严肃，百僚进谏者，皆失其举措"，奏事大臣"多有怖慴，言语致失次第""必当畏犯逆鳞"。为了能让臣下直谏，太宗注意做到"每见人奏事，必假颜色""纵不合朕心，朕亦不以为忤。若即慎责，深恐人怀战惧，岂肯更言"。太宗甚至提出了"臣下有谠言直谏，可以施于政教者，当拭目以师友待之"（《贞观政要·政体》）。

唐太宗还采用奖赏的办法鼓励臣下直谏。如贞观四年（630）给事中张玄素谏阻修洛阳之乾元殿。他上疏说："臣闻阿房成，秦人散；章华就，楚众离；乾元毕工，隋人解体。且以陛下今时功力，何如隋日？"他认为唐"承凋残之后"，为修洛阳宫而"役疮痍之人，费亿万之功"，甚至还不如炀帝。太宗对玄素说："卿以我不如炀帝，何如桀、纣？"玄素回答说："若此殿卒兴，所谓同归于乱。"玄素对太宗的批评是极其尖锐的。唐太宗对玄素"逆龙鳞"的行为不仅不发火，反而说："我不思量，遂至于此。"还称赞玄素为谔谔之士，并"赐绢二百匹"〖《资治通鉴·唐纪》贞观六年（632）〗。韦挺、杜正伦、虞世南、姚思廉等上封事称旨，"赐绢有差。"贞观三年（629）李大亮上表谏言，太宗赐金壶瓶、金碗各一枚。贞观八年（634），皇甫德参上疏切谏，赐帛二十段。贞观十一年（637），马周上疏，赐物百段。太宗贤妃徐惠对当时"军旅亟动，宫室互兴，百姓颇倦劳役"之事提出谏言，"太宗善其言，优赐甚厚"。类似这样的记载，不绝于书。

由于太宗提倡和奖励谏诤，贞观时期面诉廷争、犯颜直谏的事例很多。谏诤已蔚然成风。下自县令，上至宰辅，朝中大臣和后宫嫔妃都敢于直言切谏或犯颜直谏。这一局面在我国封建社会的长河里也是绝无仅有的。

敢于直谏的大臣中，魏徵是佼佼者。

魏徵去世后，敢于直谏的又有刘洎、岑文本、马周、褚遂良等人。这些人对当时政治的兴革献替，确确实

徐惠上疏图

实起到了重大的作用（参见青露山海编：《贞观天子：唐太宗李世民》，西苑出版社2010年版）。

2. 魏徵论治，君臣切磋传佳话

魏徵，从大业间投身社会洪流以来，为寻明主，遑遑奔走十来年，历经挫折，47岁了，年近半百，才遇到真正的明主。魏徵初见李密时曾对未来满怀希望，但不久便灰心了；他始事李建成，对李建成的知遇由衷感激，而对前途则不无忧虑；如今辅佐李世民，则是感激与希望兼而有之。他清楚地意识到，陈力就列的机遇来了，他将为此奋力拼搏；他清醒地知道，前进的路上，绝非坦途，羊肠小道，遍布荆棘，不时可遇；伴君如伴虎，同僚嫉妒倾轧，随时可能发生，但这一切都丝毫不能影响他的坚定信念。不论是疾风骤雨，还是闪电雷鸣，都不能阻挡他的前进步伐，他将勇往直前，义无反顾，向着既定目标奋进，直

魏徵

到生命止息。

尚书丞是尚书省的高级官员，地位仅次于尚书左右仆射。尚书省的最高长官本来是尚书令，因为李世民曾担任过这个职务，因此，李世民当皇帝后，尚书令一职便不再授人了，原来尚书令的副手左、右仆射便成为最高长官。唐人尚左，左仆射地位高于右仆射。尚书丞也分左右，左丞正四品上，掌吏、户、礼三部；右丞正四品下，掌兵、刑、工三部。唐初左、右仆射均为宰相，不管尚书省的实际工作，具体事务则由左、右丞负责。魏徵任尚书右丞，在武德九年（626）秋冬之际，其时左丞空缺，尚书省的工作则由他一人承担。从此，魏徵在朝中不仅有发言权，而且有行政权，还有了封爵（称"巨鹿县男"）。在旧时代，封爵是表示身份地位的，并有相应的食邑封户。唐代封爵共九等，即：亲王、郡王（嗣王）、国公、开国郡公、开国县公、开国县侯、开国县伯、开国县子、开国县男。县男食邑300户，魏徵封巨鹿县男，表示他的食邑在巨鹿县（今河北省巨鹿县）。

魏徵任尚书右丞又兼谏议大夫，不仅要处理日常行政事务，还要参与宰相讨论国家大计，事繁任重。那时，李世民刚即位，面临的首要问题是如何巩固政权，他最担心的是能否快些把国家治好。在一次与大臣的议事中，他颇有感触地叹气说："如今大乱之后，国家恐怕很难治理吧！"此事魏徵早已考虑多时，他成竹在胸地安慰李世民说："大乱之后容易治理，就像给饥饿的人准备饮食一样，是不难的。"李世民仍有怀疑，接着问道："古人不是说，善人（有道德的人）治理国家也需要经过百年，才能克服残暴、消除杀戮吗？"魏徵回答说："那是指善人而言，不是就圣明的人说的。圣明的人治理国家，就像发出声音便立即有回响一样，一年时间就可见到成效，应当没有什么困难。"右仆射封德彝以为魏徵太狂，训斥道："不对！三代（夏、商、周）以后，人心一天天浅薄诡诈，秦代依靠法律，汉朝又加上霸道（指凭借威势，利用权术、刑法的统治政策），都想治好国家但未做到，并不是因能治好天下而不想做。魏徵是书呆子，爱说空话，只能扰乱国家，他的话听不得。"魏徵不畏权势，针锋相对地反驳："五帝、三王不必掉换百姓来施行教化，实行五帝的办法就有五帝的政绩，实行三王的办法就有三王的政绩，就看怎么做了。黄帝讨伐蚩尤，经过70多次战争，平定了祸乱，使天下太平。九黎作乱，颛顼去讨伐，胜利之后，天下也安定了。夏桀为非作歹，商汤把他赶走，纣王残暴无道，周武王起兵讨伐，商汤、周武王都亲身见到天下太平。如果说人心逐渐浅薄诡诈，再也不会淳朴厚道，那到今天就当变成鬼怪了，还怎么能教化呢？"封德彝理屈词穷，无话可答，但心里仍不以为然。

这是一次基本国策的大辩论，辩论的核心不在国家能否治好，而在如何才能治好。封德彝既认为大乱之后，国家难治，就主张人君一人独掌权力，不可委托臣下；对外则要炫耀武力，征讨四周邻国。当时与封德彝主张相同的人为数不少。而魏徵认为治国不难，只要方略得当。他主张放弃武力，致力教化，休养生息，让老百姓得到实际好处，只要中国安定了，四周邻国自然会臣服，这就是著名的"偃革兴文，布德施惠，中国既安，远人自服"的治国方针，李世民采纳了魏徵的主张，大见成效。

贞观元年（627），关中发生严重饥荒，一斗米值一匹绢；二年（628），全国蝗虫成灾，许多地方颗粒无收；三年（629），大水，不少州县无数房屋被淹。连年遭灾，百姓生活极端艰难，李世民采纳魏徵"布德施惠"的建议，积极采取措施，安抚百姓，帮助他们到无灾地区求食。成千上万的人被迫离开故土，流亡他乡，却没有人慨叹怨恨。贞观四年（630），全国丰收，流亡外地的人都回到家乡，一斗米不过三四钱，一年判死刑的仅29人。东到大海，南到五岭，外出都不用关门，出门也不必带干粮，一路上到处都可买到。又消灭了经常侵扰的突厥，抓获了其首领颉利，其余各国首领也自带武器来京师宿卫。李世民非常高兴，特对他的妻舅长孙无忌说："这都是魏徵的功劳，遗憾的是没能让封德彝见到。"封于贞观元年（627）六月病逝。

这次辩论发生在李世民刚即位时，魏徵任尚书右丞也没几天，竟敢于在皇帝面前公开顶撞自己的顶头上司，岂是阿谀逢迎之辈所能做到的，魏徵的这种刚直不屈、为国尽忠的精神是多么的可钦可敬（参见孝廉，玉恒著：《魏徵秘史》，群众出版社1987年版）！

魏徵在尚书右丞任上，仍兼谏议大夫。谏议大夫是言官，他应当也有权随时对国家事务无论大小发表意见，在这方面魏徵的活动特别积极，贡献也更大。

贞观元年（627）九月，由于岭南少数民族首领冯盎、谈殿等不断互相进攻，很久没来京师朝贡，一些州的地方官就上奏称冯盎反叛，前后已经十几次，李世民下令发兵讨伐。魏徵进谏说："国家才刚刚安定，岭南地区流行恶性疟疾等传染病，道路又险阻遥远，不能久驻大军。而且冯盎反叛也没成为事实，不宜出兵。"李世民说："报告的人接连不断，怎能说反叛还没成为事实？"魏徵回答说："冯盎如果反叛，一定会分兵守险，进攻抢掠州县。现在告他反叛已经好几年，而他的军队并未出境，这就表明冯盎不反了。各州已经怀疑他反叛，陛下又不派遣使臣安抚，他怕死，所以不敢来京城朝贡。若派令人信服的使臣去表示最大的诚心，他一定高兴能够免祸，可以不必用兵而使他臣服。"李世民于是停止发兵，并派使臣去说服安慰，果然生效，冯盎立即派他的儿子智戴跟随使臣来到京城。李世民很兴奋地说："魏徵让我派一使臣，岭南就安定了，所起作用胜过10万大军，不能不赏。"赐魏徵500匹绢。

魏徵事李世民时间虽很短，但从接触中，也逐渐了解了李世民。他发现，李世民的最大担心是亡国，一心想做明君，这与他事明王的夙愿正相吻合，使他鼓舞，使他振奋，他废寝忘食，留心国事，对李世民的言行尤其关注，凡有违失，及时进言，无所顾忌。李世民既想做明君，又往往难忍声色的诱惑，对魏徵的诤谏，是既高兴，又害怕。

贞观三年（629）二月，魏徵升任秘书监（从三品），参与朝政。秘书监是秘书省的长官，它的设置始于东汉末年，据说是因为它掌管"图书秘记，故曰秘书"。曹操当政时曾设秘书令，掌尚书奏事，这与现代秘书之职近似。曹丕改为中书令，另设秘书监专管图书艺文，唐代秘书省的职掌亦大致如此，兼有今天的图书馆及档案馆的任务，这是一个具有学术性质的行政机构。贞观时期，群英荟萃，人才济济，然以才、学、识论，无出魏徵者，以他为秘书监，也可谓得人。

魏徵新职，更具重要意义的，还不是秘书监，而是参与朝政。秘书监只是一个部门的首脑，主持一个部门的具体事务，参与朝政则是相职，宰相"佐天子，总百官，治万事""事无不统"，掌管的是全局。

魏徵每天一大早，天不亮、鸡未鸣便起床，梳洗完毕，穿戴整齐地去上朝，之后到政事堂议事，然后回家午餐，稍事休息，便得赶到秘书省坐衙。魏徵家住永兴坊西门北侧（约在今西安城内人民大厦处），虽紧靠皇城，但到太极殿朝参，也有两三个街坊的距离，回家再去秘书省，又有五六个街坊的路程。唐长安城的坊，大小不等，长的1100多米，其次或900多米、600多米，最短的也有500多米。这样来回奔波，一天辗转各街就是15公里以上，在交通工具落后的古代，这也得花去不少时间，若遇刮风下雨，或尘土飞扬，或道路泥泞，那就更叫人难堪了。

魏徵不辞辛劳，勤勤恳恳，主持了两大系统工程，整理图书和撰修"五代史"，对中国古代文化的繁荣以及史学的发展，作出了重大贡献，影响深远。

贞观六年（632）五月，魏徵以秘书监参与朝政检校侍中，晋爵巨鹿郡公，相当于正二品，地位提高，任务更重了。

魏徵连连迁升，更引起一些人的嫉妒和不满。前任尚书右丞时，有人告他偏私，查无实据，不了了之；后充秘书监，又有人告他谋反，幸李世民明察，不但没有追究魏徵，还根据反坐律"诸诬告谋反及大逆者，斩"，把诬告的人给杀了。如果说前两次控告都出自一般无名之辈的话，而接下来的则是监察官员和权贵出马。

贞观五年（631）治书侍御史权万纪、侍御史李仁发都因告密攻击陷害别人，多次受到李世民召见，于是就任意指斥他人，肆无忌惮地欺骗蒙蔽，使李世民震怒，大臣均不自安，明知这样不对，但没有人敢于出来争辩。现在，权万纪又把矛头指向魏徵，魏徵便毫不犹豫地挺身而出，予以反击。魏徵启奏说："权万纪、李仁发都是小人，不识大体，以诬陷中伤别人为正确，以告发攻击他人为正直，凡是被他们指责的，都没有罪过。陛下您掩饰这两人的问题，接受他们说的所有的坏话，他们就放肆地施行奸计，巴结皇上，欺压臣下，做事大多不合礼法，以此来盗取刚强正直的美名。他们诬陷房玄龄，斥退张亮，完全没有整肃勉励的作用，白白地损害了陛下的圣明。走在路上的人，都公开指责。我猜想陛下的心意，一定不是认为这两人是深谋远虑，能够委以重任，只打算用他们无所顾忌的行为来警诫勉励群臣。如果您一定要信任亲近这些不正派的人，也不可以用小臣来图谋大臣，群臣向来没有矫诈虚假的行为，这样做只会徒然使臣下离心。像以房玄龄、张亮等这样的大臣来说，尚且不能申辩自己的曲直，其余那些疏远、位卑的臣子，谁能避免他们的欺蒙诬告？希望陛下您注意这种情况并再三思考。自从任用这两人以来，他们做了一件有利于国家的事，我就心甘情愿被杀头，接受不忠的罪名。陛下您即使没能选拔到好人来弘扬圣德，难道可以重用奸邪来让自己德行遭到损害吗？"这一长篇坚定忠诚的表白，李世民十分欣赏，愉快地接受了魏徵的意见，赐魏徵500匹绢。那权万纪又渐渐暴露了奸诈面目，被贬到连州当司马，李仁发也被解除官职，朝廷众臣都互相庆贺。

贞观七年（633）三月，王珪因泄露了李世民在宫中所说的话，被贬为同州（治冯翊，今陕西大荔县）刺史，魏徵接替王珪正式出任侍中，此后一直到贞观十年（636）六月因病请辞，门下省就由魏徵一人全面负责。

李唐初建，忙于征战，基本采用隋礼，少有变易。李世民即位不久，遂于贞观三年（629）命中书令兼礼部尚书房玄龄、秘书监魏徵组织人员修订"五礼"。这项工程启动稍先于修"五代史"，经过四年多的努力，到贞观七年（633）初稿完成，即下令通告全国遵照执行。李世民在诏书中特别强调指出："可以安上治民，可以移风易俗，揖让而天下治者，其唯礼乐乎！"（《册府元龟》）不过，由于初次修订，而且时间紧迫，难免不甚完备，于是又令左仆射房玄龄、侍中魏徵、礼部尚书王珪（珪于贞观八年由同州刺史迁任此职）主持继续修订，并邀著名学者颜师古、孔颖达、令狐德棻、李百药等参加，使之完善。

魏徵在修订"五礼"的同时，又主持编纂了《自古诸侯王善恶录》一书。贞观七年（633）李世民对魏徵说:"自古以来侯、王能自我保全的很少,都是因为他们生长在富贵的环境之中,喜欢骄奢淫逸,多不懂得亲近君子、疏远小人的道理,所以如此。我想让所有的子弟知道前代帝王子弟的言行,希望他们用来作为行为的标准。"遵照李世民指示,魏徵采录自古以来帝王子弟成败的事迹,上起黄帝,下止于隋,编成是书。

王珪纪念碑

魏徵尽忠职守,一心事君,使李世民越来越倚重他,感到一时也离不得他。贞观八年(634)正月,李世民打算派黜陟大使去各道考察民情风俗并对地方官员的政绩进行考核。人员基本都定了,只是关内道还没找到适当人选,李世民问左仆射房玄龄等说:"这一道的任务最重,谁可充任使臣?"右仆射李靖说:"关内道事关重大,非魏徵不可。"李世民脸色一下就变了,他说:"我准备去九成宫,这事也不小,怎么可以把魏徵派走呢!我每次出行,不想和他分开的原因,正是因他见到我有什么不对,一定会不隐讳。如果听从你们的意见把他派走了,我若有过失,你们能制止吗?"于是李世民让李靖充任黜陟大使,而命魏徵和他一起去九成宫。

连续的劳累,加上外出奔波,使得魏徵身体状况每况愈下,魏徵的病情现在看来就是高血压的明显症状,最终导致双眼近乎失明,这使得他很难进行正常工作。贞观十年(636)六月,魏徵要求辞去职务,李世民说:"黄金当它还是矿石的时候有什么值得珍贵的呢?全靠高明的工匠冶炼之后将它做成器具,人们才把它当成宝物。我现在把自己比作金矿,而将你比作高明的工匠。你虽然有病,还没到衰老的程度,怎么能就这样告退呢?"然而,此时此刻的魏徵确实病了,他常感到力不从心,早在一年前就打算请辞,但恰逢李世民的父亲、太上皇李渊病逝,不管李世民在内心深处对他父亲的真实感情怎样,他都必须不胜悲痛,才得稍补杀害兄弟、逼父让位的内疚之情,同时掩人耳目。所以李世民在父亲去世后,即将国家大事完全交太子承乾处理,自己则一心守丧,以示伤痛;后经群臣多次请求,才勉强答应主持政务,一般事务仍由太子决断。在这样的情况下,魏徵怎么好提出辞职呢?贞观十年(636)正月,李世民开始主政,而魏徵的健康也每况愈下,于是便在六月请辞,开始李世民不同意,经多次请求,不得已才答应免去其侍中之职,任为特进。

特进是正二品文散官，散官一般没有具体职责，只享有相应待遇，但魏徵任为特进后，仍要主管门下省工作，具体日常行政事务他可不问，但有关国家大政方针、重要决定及判决流放以上的徒刑，都必须向他报告。另外，关于俸禄赏赐以及警卫、属员等，都和职事官一样，这是对魏徵的特殊优待。

贞观十七年（643）正月，魏徵病情急剧恶化。他家里本来没有正厅，李世民命令停止修建宫中小殿，把材料用来替魏徵盖正厅，五天就完工。另外又依照他一贯推崇的俭朴作风，赐给他白色的褥子和布被。又派中郎将李安俨住在他家里，有什么情况，马上报告。赏赐的药品、食物很多，宫中派出的使者在路上络绎不绝。李世民亲自去问病，让身边的人都走开，和魏徵谈了一整天才回宫。后来又带上太子一同到魏徵家，魏徵在床上穿朝服，拖着带子。李世民悲伤地抚慰他，流着眼泪，问他有什么要求，魏徵说："寡妇不愁织布的纬线少，只担心周朝的灭亡！"李世民打算把衡山公主嫁给魏徵的儿子叔玉，这时公主也跟随在身边，李世民对魏徵说："你勉强看一看新媳妇吧！"可是魏徵已经不能答谢了。

魏徵病逝，太宗亲为魏徵制碑文，后曾对侍臣说："夫以铜为镜，可以正衣冠；以古为镜，可以知兴替；以人为镜，可以明得失。朕常保此三镜，以防己过。

今魏徵殂逝，遂亡一镜矣！"（《贞观政要·任贤》）并下诏令说："昔惟魏徵，每显予过。自其逝也，虽过莫彰。朕岂独有非于往时，而皆是于兹日？"（《贞观政要·任贤》）于是号召臣下以魏徵为楷模，做到"莫有是非，直言无隐"。

魏徵这个人，无论从身材还是长相来说，都一般，但他的胆量和谋略却是一般人远远不及的。他善于发现和领会皇上的真实思想和意图，因而他能特别敏锐地从皇上的言行看出事态的本质，从不放过皇上的任何过失和疏忽，一遇有说话的机会，就严厉地批评皇上的不当，深刻地指出其危害性和可怕的影响。哪怕惹得皇上极为不快，甚至大为恼怒之时，他照样泰然自若，神色不改，坚持他的说法和意见，而且一定要把话讲完才罢休，不管皇上爱听不爱听。唐太宗在这个一身正气，又满脸严肃的魏徵面前，总不免有些紧张和胆怯，天子的威风也使不出来了（参见孝廉、玉恒著:《魏徵秘史》，群众出版社1987年版）。

唐太宗曾问魏徵："什么是明君？什么是暗君？"

魏徵说："兼听则明，偏信则暗。《诗经》说过：'古代的贤人说，你有怀疑的事情，就赶快去请教割草打柴的劳动者。'过去的尧、舜时代,之所以达到大同社会，其做法之一就是开四方之门，以等待天下来访的贤俊；广四方之视听，以决天下之壅蔽。于是，能够广泛观察民情，全面了解社会，圣主的光辉普照天下，使共工、鲧等淫邪无用之辈，无法阻碍大治的步伐。秦二世则不然，把自己深藏在宫中，脱离人民百姓，偏信赵高一人，直到天下大乱，国家要灭亡了，他还蒙在鼓里。南朝的梁武帝也是偏信朱异，错误地重用侯景为大将军，封为河南王。后来侯景发兵攻打自己，梁武帝为侯景所逼，饥病而死。隋炀帝偏信虞世基，隋末起兵造反者已是星火燎原，遍地皆是，可虞世基深知炀帝讨厌听到坏消息，便报喜不报忧，致使全国大乱，隋帝国行将崩溃，炀帝却一点实情都不知道。以上事实说明，人君如能倾听不同的意见，多接触不同的人，那么佞幸之臣就封锁不了他，下情就可以上达了。"

唐太宗拿起笔，工工整整地写下魏徵刚才所说的"兼听则明，偏信则暗"八个字，端详良久，深有所悟地感叹道："说得好啊！"

3. 以古为镜，善鉴前代经验

李世民不但在"以人为镜"方面名垂青史，而且对"以古为镜"也非常重视，做得相当出色。他经常把历史当成一面镜子，对照自己的言行，研究当今朝政的得失利弊。为了从历史上吸取各个王朝"兴替"的经验和教训，李世民曾对褚遂良说："朕行有三：一，鉴前代成败，以为元龟；二，进用善人，共成政道；三，斥远群小，不受谗言。"《新唐书·褚遂良传》把"鉴前代成败"列为"三行"之首，可见其对以史为鉴是何等的重视。李世民深以自己少长军旅，在学业方面"不能概览经史"为恨事，即位后于机务之暇，经常与侍臣"访以古今""共观经史"。有的时候一个人"披玩书籍，中宵乃寝"，于是更加懂得了"事弗师古，无以为政"的道理。为了更好地学习历史，他曾令萧德言"裒次经史"，撰成《群书治要》一书，该书"爰自六经，讫乎诸子；上始古帝，下尽晋年"，广泛收集了历史资料。魏徵在序言中声明，古代为君的得失功过，书中"莫不备载"，目的在于"以著为君之难"。这本书"用之当今，足以殷鉴前古；传之来叶，可以贻厥孙谋"。书成之后，李世民表彰萧德言："使我稽古临事不惑者，公等力也。"并且下令"诸王各赐一本"，以供学习。这件事可以说明，李世民由于重视"以古为镜"，认真学习历史达到了何等地步。

不同的阶级有不同的借鉴历史的方法，地主阶级重视攻研史籍，目的在于"资治"。但同是地主阶级中的成员，借鉴的方法也不一定完全一样。那些心术不正的皇帝也读史书，但其重点在于吸取玩弄权术、施展阴谋诡计的经验；像李世民与当朝的忠贤之臣，则主要是从史实中的正面吸取成功的经验，反面吸取失败的教训。用魏徵的话说,也就是"鉴国之安危,必取于亡国"。李世民所谓"前事不远,吾属之师也",意思是相同的。

虽然说"以古为镜"的目的是"知兴替",但在贞观一朝君臣的心目中,重点是一个"替"字,"兴"的方面只居从属地位,因为他们借鉴历史,主要是以亡隋为鉴。贞观二年(628)李世民即位不久就对侍臣说:"朕今临御天下,子养生民,思弘君道,以安百姓。卿等岂不见隋主为君,不恤民事,君臣失道,民叛国亡,公卿贵臣,暴骸原野,毒流百姓,祸及其身?朕每念及于斯,未尝不忘寝辍食。所以师古作法,不敢任情……"

魏徵也一再指出:"当今之动静,必思隋氏以为殷鉴,则存亡治乱,可得而知。"(《旧唐书·魏徵传》)贞观一朝,君臣强调"亡隋之辙,殷鉴不远",就是因为一个统一寰宇、兵锐甲强的隋帝国,仅仅历时30余年就突然之间覆灭了,这样的历史教训太直接了,值得人深思。李世民之所以在"知兴替"中突出一个"替"字,原因就在于此。

以此为出发点,李世民在放眼古代时,也同样是主要从国破家亡的惨痛史实中"以古为镜"的。与隋朝最相似的莫过于秦朝,二者都是二世而亡的短命王朝,因而他一再把这两个朝代相提并论,用以警示自己:"秦始皇平定六国,隋炀帝富有四海,既骄且逸,一朝

魏徵陵墓

而败,吾亦何得自骄也?"(《贞观政要·论灾祥》)魏徵在谈到兼听则明、偏听则暗的道理时,同样也举出类似的事例:"秦二世隐藏其身,以信赵高,天下溃叛而不得闻;梁武帝信朱异,侯景向关而不得闻;隋炀帝信虞世基,贼遍天下而不得闻。"(《新唐书·魏徵传》)李世民对各代亡国的历史还进行了总结,指出"末代亡国之主,为恶多相类也",其共同点是"深好奢侈",横征暴敛。有一次宴群臣于积翠池,他即席赋诗《尚书》一首,以《尚书》中骄奢淫逸的昏君为例写道:

日昃玩百篇,临灯披《五典》。
夏康既逸豫,商辛亦流湎。
恣情昏主多,克己明君鲜。

> 灭身资累恶，成名由积善。

这样的认识不仅入于篇什，而且上升到了规律性的概括，可以说是达到了刻骨铭心的程度。

不仅重视亡国之君，就是对那些开国皇帝及有雄才大略的成功君主，李世民也往往从他们的缺点中吸取教训。譬如曾指斥"秦始皇营宫室而人怨叛者，病人以利己"；批评隋文帝"性至察而心不明""至察则多疑于物"，致使朝臣"不敢直言。宰相以下，惟即录顺而已"；肯定汉武帝"征役不息，户口减半，中途能改，还得传祚子孙。向使隋主早悟，亦当不至于灭。前事不远，朕与公辈当思自勉"（《册府元龟·卷一百五十七》）。

为什么李世民能够这样认真地注意吸取历史教训呢？这与他的虚怀纳谏相同，都是由于隋末农民大起义的沉重一击，使他思想上"怕"字当头，才把过去国破家亡的历史当作警钟，经常对自己敲撞，如他一再说：

> 朕昨阅《帝系略》，有八十余君，亡国丧身者多，兴邦利物者少。览此兴亡，极怀战惕。
>
> 如秦始皇，亦是英雄之主，平定六国已后，才免其身，至于便失其国。桀、纣、幽、厉，亦皆丧亡。朕为此不

得不惧。

观近古帝王,有传位十代者,有一代两代者,亦有身得身失者,朕所以常怀忧惧(《贞观政要·政体》)。

李世民越是害怕隋末农民起义时的那场地主阶级的噩梦,就越是要攻读历史,而越读历史就更加惧怕。在贞观前期,他实际上是在战战兢兢中做到了兢兢业业的。为了防止国破家亡悲剧的重演,就需要随时警惕"骄"字的产生和滋长,所以李世民对古代开国君主的骄矜也特别敏感。如他曾特别指出,"晋武帝平吴已后,务在骄奢,不复留心政治",故不免"失慎于前,所以贻患于后"。李世民对此遂深为叹息:"殷勤史策,不能无慷慨焉!"他也看到隋文帝"伐陈已后,心逾骄奢,自矜诸己,臣下不敢复言,政道因兹弛紊"(《贞观政要·政体》),亦深引以为戒。正是在这种思想的支配下,李世民在贞观十五年(641)以一则以喜、一则以惧的心情承认自己有"二喜一惧","比年丰稔"和"北虏久服,边鄙无虞"是二喜,但"治安则骄侈易生,骄侈则危亡立至,此一惧也"(《资治通鉴·唐纪十二》)。

李世民不仅注意自己和当代人要以史为鉴,而且意识到他本人的一言一行也就是历史,因此执意要谨言慎行,写好自己的历史,以为后人之镜。有一次韦挺上疏陈得失,李世民赐书称:"若能克全此节,则永保令名。如其怠之，可不惜也。勉励终始，垂范将来，当使后之视今，亦犹今之视古，不亦美乎？"（《贞观政要·纳谏》）这话说得非常中肯，颇有高瞻远瞩的气概。

纵观李世民一生，多能从正确的角度出发借鉴历史，但他偶然也有错误地总结历史经验的时候。譬如他根据萧瑀"前代国祚所以长久者，莫不封建诸侯，以为磐石之固；秦并六国，罢侯置守，二世而亡；汉有天下，众建藩屏，年逾四百；魏、晋废之，不能永久"（《唐会要》）的谬论，一再企图裂土分封，甚至实行世袭刺史制，就是明显的一个例子。他的这个错误主张，既不能用历史的局限性，也不能用阶级的局限性来加以解释，只能用他的一时糊涂给以说明，因为处于同一时代、同属一个阶级的李百药、长孙无忌与马周就都能批驳萧瑀的主张，尤其李百药也是以往古的史实为鉴，却得出了与李世民、萧瑀完全相反的结论。此外，李世民不顾一贯的优良传统，一再要求违例亲看起居注和国史，这对史官的秉笔直书非常不利。李世民在玄武门之变中是一个胜利者，诛杀兄、弟，逼父退位，却又违反封建道德，史官为了维护唐太宗，在编纂《高祖实录》和《太宗实录》时就不免歪曲历史，掩恶扬善，这也是李世民阶级局限性必然导致的结果。剥削阶级尽管也强调史官的"直笔"，但他们要彻底做到这一点是根本不可能的。

六、晚年贪心,东宫之乱多遗憾

1. 太子醉酒,皇后离世

对东宫来说,这是一个沉重的秋天。唯一让这座死气沉沉的宫殿显得有些生气的是,多年不见生产的海棠居然生下了一个儿子。喜讯传来,连久病的皇后也觉得清爽了许多,房玄龄赶来向她贺喜,说道:"东宫添了世子,这可是个吉祥瑞兆呀!臣觉得用不了多久,您这病也该好了。"

长孙皇后心里高兴,脸上却一副愁苦:"玄龄呀,你别安慰我了。以前我总盼着早些抱上个皇太孙,可现在,我真替这孩子害怕呀。"房玄龄一愣,忙问皇后何出此言，长孙皇后回答说："我侍奉皇上几十年，对他的脾性太了解了，泽州出了这么大的案子，皇上却只将长孙顺德解职了事，事情真的这么简单吗？我的时间不多了，等我一闭眼，只怕皇上就要废储了——"

房玄龄惊得面如土色："娘娘这是什么话，娘娘洪福齐天，一定不会有事的！"长孙皇后道："你不要尽拣好听的话说——我知道自己还能撑多久，长孙无忌和你都牵进泽州的案子，退出了中书内省，侯君集出镇西凉，朝中参议政事的大臣没有一个是和太子一条心的，皇上想废太子那还不是轻而易举？"房玄龄忙说："魏徵还在呀，当初皇上想让李泰入武德殿读书，是魏徵劝了皇上。"长孙皇后摇摇头："魏徵这次亲往泽州办案，亲眼看到冤狱中那么多受难的百姓，他是个正直的人，一向疾恶如仇，怎么可能再替太子说话？"

房玄龄略一思忖，想出了一个主意，他请皇后放心，说自己定能将魏徵争取过来。离开绮云宫，房玄龄来到东宫，见过张玄素，把他拉到杏花村饮起酒来。三杯酒下肚，房玄龄向张玄素说起病中的皇后刚刚向他打听过张玄素母丧之事，张玄素叹道："难得娘娘这么惦记着我。这几个月，朝中出了这么多事情，都是我没有教好太子，娘娘病成这样，我却没脸去探视她。"房玄龄道："娘娘没有怨张师傅的意思，她说张师傅

为长孙皇后所建的大慈恩寺

一代大儒,是天下最好的帝师。只是这宫中险恶,太子被人上顶下压的,左支右绌,早已心力交瘁,哪里还有什么心情读书?真是空费了张师傅这一身好学问了。"

张玄素更加感动:"娘娘真是个知冷知热的人,眼下太子陷入这样的危局,也不知娘娘心里有多难过呢!"房玄龄端起酒杯饮了一口,然后说道:"'危局'这个词,张师傅用得精当,东宫的局势确实是不妙呀!"接着房玄龄向张玄素讲起泽州一案对太子的影响,还有皇帝的一系列反常举动,最后说道:"这次只怕不会再让魏王迈入武德殿读书那道门槛,而是直接论废立之事了,朝中已无人可替东宫说话,太子危矣!"张玄素脸上露出恐惧之色，忙问房玄龄有无破解危局之策。房玄龄对他附耳说出一条计策来，最后说道："只是这么做须用你张师傅做药引，太亏负你张师傅呀！"张玄素捋着胡子慨然道："眼下除此还能找到别的法子吗？为了报答娘娘的知遇之恩，我什么都舍得下！"

几天后，张玄素上了一道奏章，参奏太子不肖，奏章中指责李承乾"宫臣正士，未尝在侧；群邪淫巧，昵近深宫"（《资治通鉴·唐纪十二》）。此事一公开，朝中舆论大哗，老师告学生的状，这可是闻所未闻，更何况这学生是一国储君呢？

李世民正在承庆殿里看着这道奏章生气，有人来向他禀报，太子和张玄素吵了起来，没人能拦得住，东宫都快闹翻天了！李世民腾地站起来，皱着眉头道："如此辱没斯文，真是岂有此理，走，瞧瞧去！"他让人喊上魏徵和岑文本一起来到了东宫。

东宫院内乱成了一片，李承乾一脸醉意地站在檐下指着张玄素破口大骂："张玄素，你这个老匹夫，天下哪有像你这样的师傅，你的儿子误了军期当斩，是我去求人饶了他一命。你生了病，我忙前忙后伺候了一个多月，可是你居然上奏章诬告我，你的良心让狗吃了吗？"张玄素咬着牙道："你虽是太子，但毕竟是我的学生，皇上让我教你读书，你却一门心思勾结党羽，胡作非为，我管不了你，还不能让皇上来管你吗？"

李承乾气得浑身颤抖,发出一阵狂笑:"你真是我的好师傅呀,张玄素!我算是认识你这个人了!张思政,你也姓张,他也姓张,你难道不为这个人和你同姓感到羞耻吗?你手里的大锤只是摆设吗?给我打这个忘恩负义的老匹夫!"张思政看着手中的大锤一脸犹豫,张玄素大笑着对李承乾道:"你看你这个太子无能到什么地步了,连你的侍卫都不听你的了!"李承乾暴怒道:"张思政,你这个王八蛋,难道要让我亲自来动手吗?"张思政无奈,挥起大锤朝张玄素打去,动作很慢,张玄素却迎头狠狠撞上来,血立时汩汩地从张玄素头上冒了出来。大锤"当"的一声从张思政手中落到地上,差不多同时,皇帝领着一群人走了进来。

李世民抬脚将张思政踢了个筋斗,怒道:"要是他让你杀朕,你也奉命行事吗?"接着李世民将目光转向李承乾斥道:"太子!你疯了吗?连自己的师傅都打!"李承乾酒醒了一半,低着头嗫嚅道:"张玄素做的事情也太让人难以忍受了。他竟然捏造事实,无中生有地到父皇那里告儿臣的黑状,天下哪有这样的师傅!儿臣心里实在是气极,才做出这等悖逆的事来,请父皇治儿臣之罪。"

张玄素做出一脸气愤的样子,吹着胡子道:"我张玄素一生教了多少弟子,桃李遍天下,还从没遇到过这么一个教不出来的学生。今天,当着皇上的面,老臣把话说明了,这个太傅臣是再也不干了。"李世民劝道:"张师傅,你可不能撂挑子,他虽然是个不成器的学生,可总得有人教吧。"张玄素恨恨地道:"那臣就管不着了,我张玄素教不了的学生,我想天下也没有第二个人教得好。"

魏徵听得直皱眉头,忍不住在一旁说道:"陶器做得好不好,全在陶范正不正,学生被教成了这个样子,师傅就没有责任吗?"张玄素把脸转向魏徵,瞪着眼道:"魏玄成,我知道你的意思。不服的话,这个学生你教给我看看,要是你能教出个样来,我张玄素回过头来喊你一声师哥!"

魏徵气得吹胡子瞪眼,跳脚说道:"怎么,天下就只有你张玄素会教书育人吗?冲你这句话,这个学生我还就收下了。"说着,他一头向李世民跪下:"请皇上恩准!"李世民脸一沉,似乎已经瞧出了什么,说道:"这件事情让朕再想想吧。"说完转身离去。岑文本瞟了张玄素一眼,又瞟了李承乾一眼,心中暗想:"好一出双簧呀!"

绮云宫门窗紧闭,长孙皇后已进入弥留状态。安康终于迈出了这一步,来到大唐皇宫的女主人身边。长孙皇后脸上艰难地绽开了笑容,她说道:"孩子,5年了,你终于肯迈进我这绮云宫了。这一阵子,我就像一片已从树上落下的树叶,在迅速地枯萎。我还以为,再也看不到你原谅我的那一天了。"安康跪在她身边道:"母后,您别这么说,您会好起来的。"长孙皇后捧起安康的脸怜爱地看着她道:"谢谢你的吉言,让母后再看你一眼,把你现在的模样记清楚了,带给你母妃。"

安康再也忍不住,放声大哭起来:"母后,您不要说这样的话,儿臣不愿听!"长孙皇后道:"听不听母后都要走了,你太子哥哥秉性仁弱,只会被人欺不会欺人。你和乾儿一块长大,虽然不是一母所生,但兄妹感情却胜过一母同胞。我知道,这个世上只有你一直在真心帮他,孩子,答应我,什么时候都不要背弃他!"安康的心都快碎了,咬着嘴唇点头道:"嗯!母后请放心!"

这时,有人喊道:"皇上驾到!"安康回头一看,李世民已经走了过来,他上前在皇后身边坐下,一把抓住长孙皇后的手。长孙皇后微笑着,一句一喘地说:"陛下,您的手好暖和。这些日子,臣妾总是回忆起从前那些美好时光,那年臣妾在舅舅高士廉家中第一次见到陛下,当时,臣妾的这颗心就立刻被陛下带走了。现在想起来,仿佛那一天就在眼前一样。"李世民看着长孙皇后的痛苦模样,想说什么却说不出来,只是难过地看着发妻,眼泪只想往下掉。长孙皇后发出一阵剧烈的咳嗽,万般悲戚地道:"臣妾要走了,可是这心里头还有三件事放心不下,请陛下一定答应我。"

李世民落下泪来,应道:"你说吧。"

长孙皇后说道:"第一,我娘家长孙一脉尊荣太盛,正因为这个原因才出了长孙顺德这样的贪官,以后请皇上不要再给他们恩赏了,长孙一脉的人能不用他们做官,就不用他们做官。臣妾真是不愿让兄弟子侄布列朝廷。第二,房玄龄久事陛下,小心谨慎,奇计密谋,皆所预闻,竟无一言露泄,非有大故,愿勿弃之。第三,乾儿这辈子跟着我吃的苦太多了,他有什么错,您就怨臣妾吧!千万不要为难他!张玄素没能把他教出来,现在魏徵答应教他,臣妾求您,就让乾儿拜下这个老师吧。要是他还是不成器,臣妾在九泉之下就再也没有怨言了。"即使心肠再硬的人,又如何能拒绝一个将死之人的最后心愿呢,李世民点头把这三件事都答应了下来。

长孙皇后用最后的力气说道:"臣妾这一辈子享尽了皇上的福,却什么也没帮上皇上,生无益于世,死不可以厚葬,请皇上不要给臣妾造坟,就以山为垅,勿用棺椁,器以瓦木,约费送终,臣妾感激不尽。"说到这里,她睁着眼睛看着李世民,已经发不出声音了。

一直守候在一旁的李承乾知道,母亲最后的遗嘱差不多都是为了维护自己,他撕心裂肺地喊了一声:"母后——"扑到长孙皇后身上,哭得喘不过气来。皇后的嘴唇在歙动着，安康问："父皇，母后说什么？"李承乾忍住了哭声，李世民将耳朵贴近皇后的嘴边，仔细听了听，小声道："她在说——她在说，二郎……"一滴泪水从李世民眼角滚出，落在长孙皇后脸上，她的脸上绽开最后一丝微笑，那双含泪的眼睛，慢慢地闭上了〔参见胡如雷著：《李世民传（中华历史丛书）》，中华书局1984年版〕。

2. 西征高昌，废黜太子

东宫一群优伶身着西域胡服、脸戴面具在舞蹈，他们分作两方，手持兵器伴着鼓点做厮杀状。坐在一旁几后正饮酒的李承乾看得兴起，跌跌撞撞地站了起来，撕下衣服，露出左臂，抢过一顶胡冠戴上，醉醺醺地自认是胡人的酋长，为他们擂鼓助阵！张思政上去阻止，李承乾一把推开张思政，把鼓敲得更响了。众优伶在鼓声中狂舞着，李承乾一阵阵开怀大笑。

突然，优伶们像触电般停了下来，殿中只剩下李承乾在击鼓，父亲李世民巍然站在门口，正双眼如电地看着他，魏徵和房玄龄跟在他的身后。

沉默片刻，李世民终于吐出一句话："怎么不敲了？敲呀！"李承乾手中鼓槌落下。李世民走上前一把将李承乾头顶上的胡冠拽下掷到地上，大声斥道："放着大唐的国储不做，却想做这胡人的酋长，你要有这个心思，朕不拦着你，你马上从这东宫里给我搬出去！"这声音像一声惊雷，李承乾扑通跪倒："儿臣该死！长夜漫漫，儿臣百无聊赖，才做了场胡戏解闷，失礼之处，请父皇宽宥。"李世民哼了一声："你百无聊

房玄龄

赖，朕不是派人来传你进宫议事了吗？"李承乾战战兢兢："儿臣多饮了几杯，没有听清楚。"李世民转脸看看魏徵和房玄龄："真是醉生梦死呀。"魏徵与房玄龄对视一眼，都心情沉重地摇了摇头。后来李世民执意废储，这件事自然有其影响，但也不止这一件事。

贞观十三年（639）朝廷关于西征高昌的诏令传到了凉州，信使还同时捎来安康公主的一封信，这封信自然是给驸马独孤谋的。当年在长孙皇后的恳求下，皇帝赦免了独孤谋死罪，有意把他发往凉州。因为皇帝知道，侯君集在那里，独孤谋不会吃太多的苦头。

不是独孤谋那一刀刺死赵士达,侯君集只怕早就人头落地了,所以,他对独孤谋自然异乎寻常地关照。按照朝廷定制,充军的罪犯如果能立九转军功,就可以赎罪回家。3年来,侯君集尽可能地为独孤谋创造这样的机会,已经让他立下八转军功了。

见到信,侯君集派人把独孤谋召来。远戍的征人谁不想家?一拿到信,独孤谋当着侯君集的面就迫不及待地展读起来。侯君集在一旁笑道:"瞧你猴急的,也念给老夫听听,都说了些什么私房话?"

独孤谋轻声念道:"独孤谋,你混蛋——"侯君集忍不住哈哈大笑,独孤谋脸上露出尴尬的神色,侯君集催他接着往下念,独孤谋又念道:"你怎么又去玩命了?刀箭无情,万一有个闪失怎么办?你不知道现在这世上有两个女人在为你揪心吗?我宁肯让你晚一些回长安,也不要你再去拼命挣什么八转九转的军功了。你只要能好好活着就行,你要是死了,我们母女怎么办,连个思念的人都没有了!"独孤谋语调低沉下来了,眼中闪出泪光。

侯君集看着难过,叹了口气:"这些个女人家,就是婆婆妈妈,——不说这些事了,朝廷来了命令,老夫就要领大军西征了,凉州还要留一半人接济粮草,我看你留下吧。"独孤谋一愣,马上说道:"我留下?不,我不能留下。"侯君集说道:"这是大唐军队有史以来路途最长的一次远征,可能没多少人能活着回来,我不能让公主一辈子记恨我。你还年轻,迟早能回长安的,不要急着去拼命挣这一两件军功!"

独孤谋着急地说:"大帅,你以为我是为了得到那一两件军功好早些回到长安吗?不,你错了!我是驸马,可更是独孤家族的后胄,要是这次远征的行列里没有我,独孤家在天的17个英灵会宽恕我吗?"侯君集脸上露出些感动来,他拍拍独孤谋的肩膀:"是条汉子!"

侯君集指挥的远征高昌之役,是唐军开国以来最艰苦卓绝的一仗。大军出发两个月后,侯君集向长安传回了第一份报告前线情形的呈文。西征大军在凉州以西350公里的山谷地带遭遇洪水,栈道被冲毁,只有不能行马的小路可走,5万人有3万被阻隔在东边。他自己不得不领着先头2万人继续前进,出了玉门关,进入沙碛250公里,粮草已经接济不上了。

反对这次出兵的大臣们又开始说话了,其中张亮说:"陛下,前头全是大漠,是不是让西征的将士先退回来?"李世民斩钉截铁地道:"退?亏你还是个带过兵的。领兵的大将尚未言退,你倒让朕先敲退堂鼓了?只要侯君集的大旗还在往西去,谁也不许说一个退字!传朕诏令,命凉州再派2万人西进抢修栈道!就是搬掉100座山,也要打通西进的道路!"

皇帝的铁血决心使得这场伟大的远征得以延续，一条栈道在无数人的努力下修通了，粮食运了上去，侯君集的大军又继续前进。可是另一个凶讯随即传来，行军途中，驸马独孤谋带人出去寻找水源，遭遇敌人，寡不敌众，力战被擒。侯君集亲带 500 骑兵追了一天一夜，遇到沙暴，失去了敌人的踪迹。他心中万分愧疚，专门发来表章，请皇帝治罪。

李世民让岑文本发一道诏令，嘉奖侯君集进展神速，驸马之事，让他不要放在心上。诏令发出后，李世民来到了驸马第，安康已经知道消息，正面对着壁上一幅独孤谋的画像默默流泪。她已经3岁多的女儿偎在身边。李世民走近女儿宽慰她："他会没事的，有侯君集在那里呢！朕已派人传檄过去，让侯君集重新树起飞虎军的战旗，一定要穿过大漠，夺回驸马。"安康回过头看着李世民："夺回来？怎么夺？他现在只怕早就——我，我现在真的很可怜他，这么多年我竟没给过他一次好脸。我已经在心里说过一千遍了，要是他能活着回来，我再也不冲他发火，再也不说是他烧死了慕一宽。可是这个傻瓜就是不听我的，要去玩命，去争什么军功，以后，只怕他永远都见不到我给他的笑脸了。"

李世民心里难过，说道："他那是想早一些回长安来见你呀！——这都怪朕，朕该早些下旨赦免了他的。"

安康摇摇头，悲伤地说："这怎么能怪您呢？独孤家的媳妇注定了是要当寡妇的。在独孤家的祖坟里已经躺着17具肢体不全的尸体了，儿臣的婆婆、5个婶子，还有儿臣婆婆的婆婆也都是寡妇——"李世民拦住安康的话："朕心里盼着这个女婿会平安回来。不过，要是你真的成了独孤家的第18个寡妇，那朕将感到无上光荣！——独孤家有17个女人可以为大唐的天下做出这样的牺牲，朕的女儿为什么不能？"

安康看了李世民一眼，突然"哇"的一声大哭，扑入李世民怀中，泣道："可是儿臣真的不想他死呀！"李世民轻抚安康的秀发，安慰着她。

这时，正在西征前线的侯君集在大帐中踱来踱去。前面100公里就是田城，那是进入高昌的门户。麴文泰在城中屯有重兵，是停住还是继续向前，众将展开了激烈的争论。侯君集的军队只有8000人，而田城却有2万敌兵，有的将领提出等后续的人马再说。侯君集却认为：兵贵神速，现在敌人还不知道我军已经到来，攻其不备，胜算更大。咱们这8000人里头有2000人从前是飞虎军，这支兵当年在阴山下突入过颉利的老营，有他们在前头以一当十，这仗能输吗？"不愿往前走的只管留下来，将来封侯的时候别怨本帅！"他断然地说。

就这样，这支已经在荒漠中走过了万里征程的人

麴文泰

马,鼓起最后的力量向前走去。他们突然出现在田城城头,高昌军队根本想不到唐军能穿越万里沙碛,猝不及防,溃不成军。高昌城里的麴文泰听到唐军从天而降的消息,当时就吓死在龙榻上。他的儿子麴智盛正在军中,这个人有些勇力,领着残部企图抵抗,但哪里是侯君集手下这支虎狼之师的对手,很快被击溃,不得不投降。

战事稍歇,屠长贵带着几个兵丁,押着一个五花大绑的士兵走了过来。侯君集问是怎么回事,屠长贵答道:"此人在王宫中抢掠珍宝,被末将当场抓住。"侯君集打量了那士兵一眼,只见他头上还用布帛裹着伤,不由眉头一皱,扬起脸来道:"把他放了。"屠长贵不解地道:"大帅,这恐怕不妥吧,他可违反了军规呀。"侯君集哼了一声:"能活着跟本帅打到这儿的人,都是大唐的功臣,他们提着脑袋过来,带一把珠子回去还不应该吗？"屠长贵只得下令放人，正在这时有几个士兵又架着一个人走了进来，侯君集不悦地说："怎么，又是抢东西的？我说了，不要管他们！"那人扬起头，侯君集一愣，竟然是独孤谋，士兵们刚从高昌军营牢房里找到了他！

捷报传到长安，举国欢庆。为了永靖西凉，李世民下旨在高昌设西州，在浮图城设庭州，岁调千兵，谪罪人以戍。

就在这时，夷男却趁唐朝的注意力西顾，起大军秘密南下，兵锋直叩长城。刚刚经历了胜利喜悦的长安臣民顿时紧张起来。

朝堂上，张亮向皇帝谏言："敌军长驱直入，气势嚣张，请皇上速征调各处人马沿长城防御，以避其锋。"李世民镇定地说："嗬！朕可从来没有想过靠一堵墙来挡住20万骑兵！"他让朝臣们无须慌张，今日大唐已不是武德九年（626）的大唐，别说两股狼烟，就是三五股一起冒起来，自己也有这个底气扑灭它们。随即，李世民决定调动数十万大军五路围击夷男，其中兵部尚书、并州大都督长史李世勣为朔州道行军总管，率兵6万开赴羽方；右卫大将军李大亮为灵州道行军总管，将兵4万进往灵州；右屯卫大将军张士贵为庆州道行军总管，率兵1.7万出兵云中；再命营州都督张俭率所部骑兵及奚、契丹出兵夷男东境，凉州都督李袭誉为凉州道行军总管，出兵夷男西境。李世民在诏令中晓谕诸将，薛延陀负其强盛，逾漠而南，行数千里，马已疲瘦，朝廷早已布置阿史那思摩坚壁清野，夷男东来千里，没有粮草可用，各军只要互为掎角，一同奋击，破之必矣！

靠着强大的国力做后盾，半个月内，兵精粮足的唐军就赶到长城外，在若真水地区包围了孤军深入的夷男。事态大大出乎夷男的意料，大唐这么迅速地调集如此众多的人马，足见其强盛，他这才明白对方已是一头大象而非肥羊。在唐军强大的攻势面前，缺衣少食的夷男军失去了斗志，在会战中被打得落花流水，6万人被俘，夷男率其余残兵败走漠北，遇大风雨，人畜冻死十有八九。

平定高昌大败薛延陀部的同时，唐朝又与西南的吐蕃和亲，以宗室之女文成公主出嫁吐蕃首领松赞干布。发生在贞观中期的这三件大事，使得唐朝边疆空前安靖，这个中国历史上有名的治世进入了最辉煌的阶段。

当大唐的臣民们沉浸在战争结束的欢欣之中时，魏王李泰却郁郁寡欢。这次侯君集横越朔漠，在高昌打了个大胜仗；李世勣在若真水大败夷男，两人都是太子的班底。尤其是侯君集，当初皇帝是以西北有事的名义让他出京的，现在战事平息，他就该回到朝中了。

这些年朝廷已形成一条不成文的规矩，出将入相，侯君集离开长安时，已经以吏部尚书参议政事，这次他立了这么一件殊勋归来，皇帝就只能晋他做仆射了。

李泰忧心忡忡地对心腹们说："从前侯君集做个吏部尚书，已经帮着东宫把朝中搅得大乱，要是做了仆射，还不得天下大乱？"刑部尚书张亮却告诉他："殿下放心，他做不了仆射了。刑部的差役在长安客栈里追拿逃犯，无意间查抄到一车珍宝，都是西昌国王宫的东西，珍宝的主人竟是侯君集手下一个百夫长，受了伤从西凉回来，往洛阳老家去的。臣亲自对他进行了刑讯，据他交代，侯君集率兵攻下高昌后，纵兵抢掠了3天，他自己也藏下了一张高昌国的传国宝弓。"杜楚客在一旁摇头晃脑地说："一个百夫长尚且掠得一车，何况其他大将？这可是一次难得的机会呀，就拿这件事儿挡住侯君集，不能让他当仆射，令东宫死灰复燃。"李泰的愁眉舒展开来，他吩咐部下们赶快行动，把这件事情闹大，一定要设法把侯君集挡在弘文殿外。

张亮等人干这种事情颇为拿手，很快就炮制了一堆举报信，控告侯君集纵兵抢掠高昌王官，高昌民众怨声载道，在几天后的一次朝议时同时发难，一齐向皇帝请求严明法纪，拿侯君集是问。房玄龄反对这么做，他对皇帝说："高昌距朝廷万里之遥，言官们望风言事，不足为信，臣看还是派人查清楚再议的好。"张亮意味深长地说："查？怎么查？忘了泽州的旧事了？高昌可比泽州远得多呀。皇上，臣已经拿到了一个挟带一车高昌珍玩回籍的侯君集部将，如果在白龙山栈道设卡，一定还可以拿到新的证据，有了证据，这件事情不就清楚了吗。"房玄龄又说："就算真有士兵抢掠，可毕竟穿越万里朔漠平息高昌是件盖世奇功，朝廷不可以小过掩大功，让将士寒心呀。"

萧瑀站出来驳斥房玄龄道："房大人此言差矣！纵兵抢掠岂是小过？麴氏父子为祸高昌有年，因此高昌百姓盼大唐兵如盼星星盼月亮，其民间有童谣：高昌兵马如霜雪，汉家兵马如日月，日月照霜雪，迥乎自消灭。而今他侯大将军打下高昌后的所作所为与麴氏父子又有何异？这不是丢我大唐的脸，丢皇上的脸吗？"张亮也说："陛下明令要爱护四夷，严肃军纪，对与诸夷作战时违反军规的人处以 3 倍处罚。侯君集不顾皇上的三令五申，以统兵大将之职屡犯军规，我看不缉拿他，无法向高昌百姓交代！"

房玄龄没了说辞，显得孤立无援。李世民打心里为难，但是又不得不听从多数人意见下旨拿办侯君集。

侯君集班师回朝，刚举行完献俘仪式，就被关进大牢。在狱中，侯君集满肚子怨气，自己打了一辈子胜仗，最后被关进监狱，简直没有道理可讲，他成天骂骂咧咧。这天，他正大骂朝廷小人当道之类的话，突然门开了，走进一个人,正是他的女儿海棠。

一见海棠,侯君集"腾"地站起来:"你怎么来了?我不是跟侯贵说了不让你来吗?"海棠眼中噙着泪道:"我知道爹爹一世英雄,怕女儿见到你现在这样子。可是女儿还是要来,不管你是将军还是囚徒,你都是我的爹爹。"说着海棠跪了下来,侯君集连忙跪倒:"这怎么使得,太子妃你快起来。"

海棠和侯君集互相搀扶着站了起来,侯君集仔细地端详着女儿,怜惜地说道:"你又瘦了。"海棠叹了口气:"唉,宫里的锦衣玉食不养人呀。"侯君集心里更加难过,他问起太子的情形,海棠忍不住哭了起来,她告诉父亲,皇帝对太子越来越冷淡了,差不多半年不和他说话了。侯君集道:"这究竟是为什么呀?张玄素不行,魏徵难道也不行吗?"海棠泣道:"魏徵当了太子太傅后,用心教太子读书,太子也曾决心振作起来。可是,他的学业才干进步都很慢,尤其是到了办实务的时候,每次都远逊于魏王和吴王。皇上对他越来越失望,朝臣们见风使舵,纷纷依附魏王。太子先是心里着急,后来就越来越自暴自弃,这两年迷上了胡戏,总在里头自演大酋长,他说当汉太子太累,当胡人的大酋长要轻松得多。我看,他的神志有些不清了。"

侯君集长叹一声:"没想到他竟沦落到了这一步!"他心里难过,在监室中放声大喊:"我要见皇上,我要见皇上！"没有人应声，侯君集骂道："混蛋，我是侯君集！你们听见了吗？我要见皇上！"

侯君集身着囚衣被带到承庆殿，李世民坐在摆满酒菜的桌边，旁边的几案上有一幅画像，侯君集定睛一看，画的正是自己。

侯君集站在那里也不开口，许久，李世民说："你在牢里吵着见朕，见了朕为何又不说话？"侯君集走过去，拿起画像，说："皇上，您想念老臣了吧？"这话引出了李世民的伤感，他说："你跟随朕许多年，立下的功劳无人能及。"侯君集眼含泪珠问道："既然皇上认定我的功劳，也顾念旧情，为何一直让我待在西凉？"

李世民语气沉重地说："那是为了救你和太子！你以为你和长孙顺德在泽州干的勾当，我当真不知吗？朕原以为，长孙顺德是先皇遗臣不好约束，你是朕的心腹，便派你去押闵国器回京，以免遭人毒手。可朕没想到，你竟然比长孙顺德胆子还大！你犯了大错，朕又不忍心杀你，只好将你放到西凉。本以为会对你有所警示，没想到你不思悔改，屡屡犯错，还纵容部下抢掠，私藏高昌王室传家之宝——"

侯君集小声嘀咕："这些朝中小人，不就拿了一张弓吗？我是带兵的，就是要好的兵器，何况我为大唐夺取了高昌22城，取一张弓又如何。"李世民听到这话,简直火冒三丈,"你就取了一张弓吗?高昌的如夫人是你娶的吧,儿子都快生下了吧?你胆子还真大,娶谁不行,非要招惹高昌宗室之女!"侯君集自知理亏,只好搪塞道:"臣在西凉待得太久了,动了儿女私情,是臣一时糊涂……"

李世民气呼呼地扔给他一张纸,侯君集打开念道:"侯君集劳苦功高,年老伤多,着选高昌宗室一女侍奉。贞观十四年十月。"落笔日期整整提前了一年时间,侯君集知道皇上是为了保全他而做的假(参见黄中业著:《唐太宗李世民传》,吉林人民出版社 2010 年版)。

侯君集几乎落下泪来,他扑通一声跪在地上,哽咽道:"谢谢皇上不杀之恩。皇上,臣还有一事不明,朝中都在议论您当初把臣支走,是为了废太子,这事属实吗?"李世民一愣,他没想到侯君集这么轻易地就触及了这件事。此时此刻,李世民也说出了心里话:"朕是想废了他,这个太子成天文武不修,胸无大志,怎能挑得起大唐江山的重担?朕派你去西凉,也想看看太子没了你这个靠山能否成长起来,变得强大。"侯君集听到这话接着问道:"那太子强大起来了吗?"李世民摇摇头,无奈地说:"做父母的怎能忍心抛弃自己的孩子,若不是太子去李艺军中明做监军实做人质,大唐可能早就不存在了,况且皇后生前最疼他,朕是真心不想废了他!"

侯君集此刻还没猜到李世民的决定，良久，李世民说道："君集，若朕废了太子，你要顾全大局。"

侯君集又扑通跪下了，他说："皇上您要为臣的命随时可取，可这一条恕臣不能答应！"李世民有些不解，侯君集继续说道："太子与亲王不同，自古以来，太子被废没有几个能保全性命的，臣不想太子下场太过悲惨！"李世民心头一痛，却也不知道说什么，便招呼侯君集吃饭。

几天后，李世民召集群臣商议对侯君集的处置，除了房玄龄外，一部分人坚持处死，剩下的人则不说话。李世民力排众议，仅仅革了他的职，还保留公爵爵位。但是张亮等人在李世民做出裁决后还依旧不饶。李世民对着张亮等人发火道："治军之道我比你懂，别人犯了军规你们该怎么处置就怎么处置，但侯君集不行，他自太祖起兵时就跟随朕一起打天下，若没有他，还不知有没有朕呢？他这样的元老功臣，没有到起兵造反的份儿，朕就不能杀他，杀他就是朕忘恩负义。"（参见黄中业著：《唐太宗李世民传》，吉林人民出版社2010年版）

此后侯君集一直居住在长安，成了一个无所事事的闲人。失去这样一个重要靠山，太子李承乾的处境更加岌岌可危。偏偏这个时候魏徵又病了，贞观十七年（643）正月，这位帮助李世民开创了贞观之治鼎盛局面的旷代名臣去世了。经历过玄武门之痛的魏徵生前一直竭力反对废长立幼,在他活着的时候,李世民虽然早就有废黜李承乾的考量,却始终没敢迈出这一步。魏徵死后,李世民废储的最后障碍不存在了。整个朝廷都在议论这件事情,而东宫一系的人自己也都意识到,一柄剑已经悬在太子头上。

各种关于皇帝即将废储的传言日甚一日,太子李承乾如坐针毡。海棠安慰丈夫:"殿下,你不要着急,等春暖花开了,咱们带着皇长孙进宫,让孩子多喊几声皇爷爷,人老了,最心疼小的,见着孙子,他就会对你好起来的。"李承乾一脸绝望:"对我好起来?永远都不会了!他们都在议论今年的清明,我将最后一次参加奠祀祖先的仪式,以后,可能就要搬出东宫了,这是父皇给我留下的最后一点颜面。"

李承乾的儿子名叫李象,提起他,李承乾生出无限感慨:"我搬出了东宫,对象儿未必是件坏事。当太子有什么好的,我这些年活着还不如死了呢,要是我继续在这里待下去,甚至将来当了天子,象儿就会当太子,说不定有一天也会像我今天一样,后悔不该生在帝王之家,更不该搬进东宫里来。"海棠气急,冲着李承乾吼道:"住口,你这是一个父亲该说的话吗?既然当了太子就没有退路可走,从东宫搬出去,等待我们的将是死路一条。我们吃这么多苦,死不足惜,可象儿呢？他是老天夺走我三个孩子后，好容易留下的一根独苗！我要他好好活着，绝不能让这个孩子也被老天夺走！"说到这儿海棠脸上露出一道凶光来。

李承乾有些骇然地问："你想怎么样？"海棠眼盯着李承乾道："我们把所有忠于东宫的人召来，拼个鱼死网破，扶你登基！"李承乾愣住了，看看海棠，又看看侯君集。海棠向着侯君集扑通跪倒："爹爹，您出将入相这么多年了，难道不知道？这巍峨的宫殿里说话算数的不是玉玺，而是刀剑呀！您在军中有那么多故旧，现在独孤谋为左骁卫将军司守宫门，百骑军班师后改为左卫军前营，有5000精兵，这些都是您最忠实的老部下。只要您树起维护正统的大旗振臂一呼，还有什么事做不成？"

侯君集看看海棠，心中矛盾："皇上待臣不薄呀，将来我怎么去见他？"海棠咬着牙："扶太子登基后，我这个做儿媳的去向他老人家请罪，并一定厚待他。"侯君集还在犹豫，海棠站起来道："好，好，既然这样，我也不为难你们了，我这就备九尺白绫和象儿一起上路，我们死也要做东宫的鬼！"说完，海棠向外走去，侯君集一把拦住她："太子妃，你别这样，老臣答应你还不成吗？"海棠回头看着父亲，泪如雨下。侯君集仰起头来，心中无限悲苦，浩叹道："我侯君集一世忠名，想不到老了却要做贰臣了！"

事情到了这个地步，侯君集退无可退，他召来东宫死党还有自己的旧部多人密谋，这里有已经迁为汉王的李元昌，还有左屯卫中郎将李安俨、扬州刺史赵节、驸马都尉杜荷等人。侯君集对他们说："人为刀俎，我为鱼肉，各位要么平日和太子过从甚密，要么是我侯君集的旧部，太子如果真的被废，那上去的不是魏王就是吴王，你们将来会面临一个什么下场，不言而喻。"

李元昌深以为是，他说："各位还记得当年的玄武门之变吗？一夜之间，秦王府的旧将全都成了殿堂上的公卿，难道你们就不想随太子做成大事，也享受封公拜相的殊荣显贵吗？"诸官员和诸将一阵议论，纷纷表示要誓死捍卫太子。侯君集甚为感动："谢谢各位对太子的忠心，皇上毕竟和我结下了30年君臣之谊，只要他没有正式提出废太子，我们就不与他为敌。但是，如果把老夫逼到非要走这一步，哼，弹指之间，我侯君集就能让这个乾坤扭转过来！"接着他站起身来："我愿与诸公歃血为盟，这只手愿为太子所用，诸公意下如何？"

众人一起应道："我等之手，均愿为太子所用。"这时，有人端来一只木盘，上面放一些酒碗，一把短刀，一块帛。侯君集第一个上前，拿过刀刺在臂上，然后用帛拭血，接着李元昌、吕品相、屠长贵等纷纷上前。

所有的人刺完了，大家都看着一直没有说话的李承乾。李承乾的目光落在刀上，脸上露出一丝恐惧，良久，伸出手要去拿刀，触着刀柄，猛地缩了回来。侯君集喊了一声："太子殿下！"李承乾这才一狠心，拿起刀来，一刀刺下。

侯君集举起烛火，将那块沾满血的帛点燃，一团火焰腾起，帛迅速化成了灰烬。侯君集取灰分到每一个碗中，然后端起一只碗："请诸位共同举杯向天盟誓，同生共死，辅佐太子！"

正在东宫密谋再发动一次玄武门之变的时候，一个意外发生了，东宫一名侍卫纥干突然夜闯魏王府欲行刺李泰却失手遭擒。

这纥干本是齐王李佑作为礼物送给李承乾的，他是胡人，武艺甚强，是长安城里有名的剑术名家。张玄素知道李佑尚武，暗中以秦王自比，素有野心，结纳东宫也是另有所图，所以提醒过李承乾对这个兄弟要小心。不过因为东宫与魏府对抗，必须笼络人心，李承乾才没有拒绝李佑，收下了这份礼物，但他对纥干并不十分信任，一直不曾重用他。纥干的刺杀行动败露后，李佑出人意料地反了，李世民派出李世勣、刘德威往讨，很快攻破了齐州。贞观十七年（643）三月，李佑被解回了长安。

李世民亲自审问了李佑，李佑求皇帝念着父子之情宽恕自己，李世民愤怒地斥责道："你让朕念着父子之情，可你带着自己的死士在齐州树起反帜时，心里还有一点父子之情吗？你快说，你造反和东宫有没有联系，是为他们鸣不平还是受他们所指使？"李佑把头扭到一边，不再说话，李世民的目光转向窗外，那里是东宫的方向，在夕阳映照下显得十分寂静，沉浸在愤怒情绪中的皇帝自言自语道："难怪有一阵没听见东宫传出胡戏的声音了。"

房玄龄大惊失色，扑通跪下："皇上，请相信老臣，太子是不会造反的，每一个造反的人都需要先具备自杀和杀人的勇气，他既不敢自杀，又不敢杀人，拿什么来造反？"李世民一脸冰霜，默然不语。岑文本在一旁道："房大人，事情都到了这个地步，您就不要再护着太子了，世界上最难以认清的就是人，太子懦弱，并不是说太子一党中就没有强悍之辈呀！"张亮也对李世民说道："陛下，岑大人说得对，李佑不过是太子势力的一小股，这城里头还不知有多少太子党的人呢，要是侯君集造反，可就不是这几百党羽了。请您速速下旨包围东宫，拿下太子、侯君集一党吧。"

李世民心里一阵凉意，侯君集策马扬槊的样子在眼前闪过，他不再迟疑，下令由李道宗出任左卫大将军、阿史那思摩出任右卫大将军，立即接掌左右十六卫军，没有皇帝的旨意，各军均不得出营门（参见《周鼎记》)。

　　李世民心情万分沉重,他早就知道废弃这位不称职的太子会引来一系列矛盾,却没想到会发生这么大的变故,更不能接受自己的长子和跟随自己近30年的大将会造反这个事实。他在榻前坐下,良久不语。张亮劝道:"陛下,千钧一发,不能再迟疑了,速派大军包围东宫吧!"李世民沉思半天,突然开口道:"备驾,朕要去东宫,劝他们悬崖勒马。"

　　此言一出,众人均是一愣,七嘴八舌地说道:"皇上,您身系社稷,可不能冒这个险呀。""皇上,那里现在是龙潭虎穴呀!"李世民猛地一掌击在桌上,带着一脸怒意说道:"胡说!那里是朕儿子住的东宫,怎么是龙潭虎穴?备驾!"房玄龄颤巍巍地向前走了几步,吃力地跪下来恳求道:"皇上,臣本没有资格再进言了,可是又不能不顶着这副老脸说几句话。事情到了这个地步,断无回旋的余地了,万一您有什么闪失,那17年呕心沥血的大治,就要毁于一旦了,臣看还是——"

　　李世民抬眼看着房玄龄,他这才注意到,顷刻之间房玄龄的须发仿佛全白了,脸色憔悴,眼中满是泪水。他的心中升起一丝怜悯,站起身来,十分沉痛地说:"朕去东宫劝说太子,正是为了保住17年大治的果实呀,侯君集做了几十年的大将,哪座军营里没有他的旧部,调兵围东宫,你能保证调去的兵就不会反戈一击了?

真要打起来，长安城必乱，不知道有多少人要掉脑袋，从此又将种下一大堆新的仇恨，得多长时间才消弭得了？兵者凶器也，能不用还是不用的好。"说着李世民朝外走去。

群臣一齐高喊："皇上，您不能去呀！"李世民略停一步，道："你们不要过虑，毕竟太子是朕的儿子，侯君集是跟了朕30年的人，朕就不信，他们还真敢反朕？"房玄龄站起身来："既然皇上执意要去，那就让微臣陪您走一遭吧。"李世民回头看着房玄龄，房玄龄问："怎么，皇上信不过臣，还是嫌臣这把骨头老了？"

李世民朝他一挥手："走吧。"

侯君集静静地坐在昏暗的灯光下，表情严肃又显得那样悲哀。他想起了17年前的玄武门之变，自己和李世民一起并肩作战，制服了当时的太子李建成集团，没想到此时命运竟有了轮回。

李承乾没有侯君集那么镇静，他一直坐立不安地向四周张望着。一阵风刮来，将东宫的帏帐吹得飘动起来。又一阵风，将窗户吹得猛地一响，李承乾吓了一跳，喊道："张思政，怎么搞的，快把窗户合上。"张思政忙去合那窗户，李承乾转过脸问了一句："潞国公，您的人准备好了吗？"侯君集应道："臣已经派侯贵去通知驸马都尉杜荷、赵节，还有左屯卫中郎将李安俨、左卫军前营统领屠长贵等人，让他们各引所部，赶到东宫来，等皇上一到，臣就带着这支兵杀进宫去，殿下就等着禅位吧。"

李承乾脸色稍缓，正在这时，门外一个侍卫慌慌张张地进来："殿下，皇上驾到！"李承乾一惊，侯君集转脸忙问："他带了多少人？"侍卫回答说就房玄龄、马宣良和十几个侍卫侍驾，侯、李二人都是一愣。侯君集略一思忖，决定自己先退到侧殿，看看李世民的虚实，等自己的旧部们领兵赶到东宫后再行起事。临行前他对李承乾说："殿下，现在到了你死我活的地步，你是个男子汉，心肠该硬的时候就得硬起来。"李承乾应了一句"嗯"，声音中却没有什么底气。

大殿里只剩李承乾一人了，烛光轻轻摇曳，地上的身影也跟着摇摆着。忽然，一阵脚步声传来，李承乾心里不由得一紧。片刻，门"吱扭"一声被打开了，李承乾猛地抬头，目光撞上了那个极为熟悉又陌生的面孔。

李世民步履沉重地走到大殿中间，憔悴的脸上依旧带着不可触犯的威严，凌厉的眼神直视着自己的儿子。李承乾只觉得后背发凉，一种惊恐使得他不由自主地跪下："儿臣叩见父皇，万岁万万岁。"

"你不是病了吗？"李世民冷冷地问道。李承乾突然起身，手指胸口，他想起侯君集刚才的话，鼓起勇气，将心中的怨恨一股脑喊了出来："我是病了，在这里——

心里，已经很多年了。"（参见徐帮学主编：《创造历史的风云人物：千古圣君——李世民》，吉林教育出版社2010年版）

李世民看了儿子一眼道："听得出来，你的心里藏着深深的怨恨。"李承乾恨恨地回言："怨恨，儿臣敢吗？您是君我是臣，您是父我是子，无论您怎么待我都是天经地义的！"李世民早已习惯了这个儿子的恭顺，对他的陡然硬气有些难以置信："你今天说起话来中气十足呀！——不过，朕要告诉你，大唐立国已有27年，今天的盛世是成千上万人用自己的鲜血做浆，以白骨为砖垒起来的，谁也撼动不了！你还是不要铤而走险的好。我朝虽大，但绝无逆臣立身之地！"

李承乾一言不发，房玄龄上前一步躬身对他说道："殿下，前面是深渊，您千万不要再往前走了！退一步海阔天空呀！"李承乾看了房玄龄一眼，发出一阵长笑，然后带着哭腔说："退？我还有路可退吗？"接着，他一指东宫大殿正中的椅子说道："父皇！这把椅子您也坐过，不过只坐了一个月，您坐在这里时已经是以太子之名行国君之实了。可以说您没有当过一天真正的太子，您知道做一个储君有多难、有多苦、有多痛吗？"

李世民回头看了看那把陈旧的椅子，他并没有多少记忆。李承乾继续说："做一个储君既要保持天子的气质，还要克制欲望，像奴婢一样卑贱，您不知道这有多煎熬、多可怜、多可悲，这些年我的心都要被撕碎了，每天都活在恐惧和怨恨中！"

李世民不禁诧异地问道："你怨恨谁？""就是你！"李承乾指着他说道。李世民不敢相信自己的儿子竟然会恨自己，他问："为何？"这时，房玄龄跪倒在太子跟前，苦苦哀求道："殿下，不要说了，老臣求您了！"李承乾不顾房玄龄的阻止，仿佛要把多年的委屈一吐为快："当年是您将我接进东宫，您夸我聪明大度，有储君之风，您可知道为何儿臣后来就变了呢？因为您像一个巨大的阴影一样笼罩着我，挥之不去！"

李世民仰天一笑："真是奇谈，朕对你的期望超过任何一个皇子，给你延聘最好的学者做师傅，对你严加管教，怎么倒成了你的阴影？"李承乾使劲地摇着头道："这不是奇谈！您生在乱世，文韬武略，是一代圣君，试问历代君王有几人能做到您这样？您是攀天大树，也想让我达到您的高度，可能吗？"他接着说道："还有那些可恨的弟弟。李恪四处招兵买马，逼迫儿臣走向反路；李泰遍地搜寻所谓的贤士，在朝廷中暗插党羽，无时无刻不想着将我取而代之。他们如此大胆，难道跟您没关系吗？"

李世民斥道："真是无稽之谈，这都是因为你自己无才失德，让人觉得有隙可乘，与朕何干？"李承乾梗着脖子大声道："怎么会与您不相干？没有您在玄武门上开创以幼代长的先例,李恪、李泰之辈又怎么会如此不安分?"李世民气得满脸通红,捂住胸口,吐出一口鲜血来,房玄龄连忙扶住李世民,李世民一把推开他,手颤抖着指向李承乾:"你、你、你——这几年你独自闷在这深宫里,成天就在想这些肮脏的东西吗?"

这时,从一道侧门后面突然冲出一个人来,两个侍卫跟在她身后,想扭住她,她奋力甩开他们,伸手从嘴中揪出堵住嘴巴的一只帕子,对李承乾大声喊着:"太子哥哥,你疯了吗?这是父皇一生的痛呀,你怎么能揭他老人家的这个疮疤呢?还不快快跪倒赔罪,请求父皇宽宥!"李世民捂着胸口说道:"安康,是你!他们把你怎么了?"安康一边拽着李承乾,一边跪了下来:"父皇,皇后娘娘走后,太子哥哥悲伤过度,久锁深宫,神志已异于常人,说话狂悖,请父皇您宽恕了他吧!"

李世民一脸怆然地道:"宽不宽恕,要看他自己了。搬进东宫之前,因为是秦王世子的缘故,他先后3次险些被杀,这都是朕欠他的债。17年里,从常胜那件事,到朕北巡,再到泽州冤案,朕已经还了他3次,今晚坐在这里,朕已是无债一身轻了!"安康转脸向李承乾泣道:"太子哥哥,你心中积郁已久,一时糊涂,说了也就说了,父皇仁德无比,他不会计较你的!快跪下求饶吧!"李承乾咬着嘴唇,眼看着地板,就是不跪。

安康膝行到他跟前，哭喊着："太子哥哥，妹妹求求你了，你从前是个多么孝顺的储君，母后在世的时候不知多少次夸奖过你的孝行呢，快跪下来吧，不然她老人家在九泉下也不会原谅你的！"

一听到母后两个字，李承乾眼睛有些发酸，他看看妹妹乞求的目光，又看看李世民无比憔悴的面容，心头一软，腿渐渐弯曲。正准备跪下，一个声音从门口传出："男儿膝下有黄金，你都跪了一辈子了，就不能站直了一回？"屋中的人都是一愣，李世民抬起头："侯君集，朕已经来了半天了，你怎么现在才现身呀？"侯君集昂首走了进来，身后跟着屠长贵等人。

原来，侯君集本想等几路人马都到了东宫再起事，可是半晌过去只来了屠长贵这一路人，其余李安俨、赵节、杜荷等人均没有消息。他见太子心一软要跪下，担心女婿意志动摇事情会生变故，因此，下决心提前动手了。好在屠长贵手下的人虽不多，但却是飞虎军的老底子，骁勇善战，有这支人马，侯君集心里仍有七成把握。

站在李世民面前，侯君集坚持不行跪礼，看着他脸上坚毅的表情，李世民道："看来你是不打算再向朕下跪喽？"侯君集硬气地说："老夫给皇上做了一辈子的猎犬，如今也想站着做一回人了。"说着，侯君集朝屠长贵使了个眼色，屠长贵一挥手，一队十分剽悍的士兵从幕后出来，手里拿着刀枪绳索。

房玄龄忙挡在李世民身前斥道："侯君集，你怎么能这样对待天子？"侯君集纵声一笑："天子？你知道什么才是真正的天子吗？是刀枪，不是人！以前只有他能够决定别人的生死，无论对与错，杀谁剐谁，都由他说了算，不就是因为刀枪掌在他的手里吗？今天不同了，刀枪在我的手里，我就不能说话算数一回？"

安康一拽李承乾道："太子哥哥，你快发话阻止他们吧，你已经不忠了，难道还想把不孝的骂名也一起背上，让世人永远唾弃吗？看看父皇已经染霜的头发，想想他身上的伤疤，不管怎么说，是他养育你成人的呀！"李承乾的目光落在李世民开始变得灰白的头发上，心里一酸，对侯君集道："潞国公！您就看在君臣一场的份儿上，保留住父皇作为天子的尊严吧！"

李世民看看李承乾，眼圈一红，说道："你总算良心还没有泯尽。"接着李世民将脸转向侯君集，厉声道："侯君集，我再最后问你一次，你真的死心塌地要做大唐一国之公敌吗？"侯君集硬生生地回答："臣从来就没想过做大唐的公敌，臣想的只是为太子争一条活路！请陛下效法高祖，向太子禅位吧！"

李世民绝望地说道："好、好、好，多行不义必自毙，朕该做的都已经做了，该说的也都说了，算是仁至义尽了吧。从现在起，你就是大唐一国之敌，人人得而诛之。"侯君集恨恨地说："那就看谁先诛谁！屠长贵——"

李世民双眼如电地看着侯君集："侯君集，你真的敢下令让这些人拿下朕？告诉你，天下还没有人能拿得了朕！"侯君集一愣，心中突闪出一种从未有过的极寒之意，他慢慢回过头来，看着屠长贵，屠长贵也正看着他。二人对视数秒，侯君集像是想起了什么，转过身来。

海棠从侧门现出身来喊道："爹爹，快下令呀。"侯君集又看了一眼屠长贵，问道："他们都没能出得了营门，你怎么能出来？""刷"的一声，一道寒光从屠长贵腰间闪过，他的宝剑已擎在手中，剑锋闪电般指向了侯君集胸膛。侯君集脸上的表情渐渐凝固了，眼睛瞪得老大，他长叹一声："我早该想到会有今天的。"

屠长贵厉声道："把他们都抓起来！"几个士兵上前扭住侯君集，其他人上前制服了侯贵、张思政等人。侯君集惨笑一声："屠长贵呀，14年了，老夫一直把你当成最信任的人！我侯君集好打人骂人，但从来没有骂过你一句，今儿个我要骂你一句，你个王八蛋，是我把你招进飞虎军，一心提携你，你为什么要背叛我？"屠长贵正色道："因为飞虎军不是你的军队，也不是我的军队，它是朝廷的军队！"

李世民在一旁道："侯君集，你尝到被自己最信任的人背叛后的滋味了吧，当你在背后捅朕刀子的时候，你知道朕的心有多痛吗？正月十七日，你在东宫招集旧部，密议谋反，朕那时就可以拿你了，可是朕总念着你的功劳，为了给你留一条生路，不愿意把这事揭出来，想拖一拖，慢慢让你回心转意。今儿个你派人去各营传信儿，朕也得到了消息，可是朕还是不想下杀手，让李道宗他们把各军圈在营中，然后，朕只身来东宫劝说你，一心想着只要你能不反，总能保住一条命，可你就是执迷不悟，逼朕杀你呀！"说到这儿李世民一阵剧咳，一口血喷了出来，安康连忙上前扶住李世民，为父亲捶背抚胸。

废太子李承乾墓

李世民甩开女儿，跟跟跄跄地朝东宫殿门外走去，嘴中自言自语："自作孽不可活，自作孽不可活呀！"

一场政变就这样流产了。数天之后，长亭外，芳草连天，天空中一只孤独的大鸟悲伤地鸣叫着。弯曲的土路上，沉重的车轮声"咯吱吱"地响着，一队士兵押送一驾马车在向前走去。车上载着被流放的废太子李承乾一家（参见李金水主编，程桐著：《唐太宗李世民全传》，企业管理出版社 2012 年版）。

3. 贪天之功，兵征高丽

高丽，也叫高句丽，位于朝鲜半岛北部，都城设在平壤城。东南与新罗毗邻，南边与百济接壤，西北与唐朝以辽水（今辽河）为界，北至靺鞨。唐朝初年，其国王高建武朝贡于唐，唐高祖李渊册封他为上柱国、辽东郡王、高丽王，同时也封百济王扶余璋为带方郡王，新罗王金真平为乐浪郡王。

武德九年（626），新罗、百济遣使向唐告高建武封锁通往唐朝的通道。后来又由于三国之间有旧仇，而互相攻击征战。贞观五年（631），太宗派使者到高丽收葬隋朝征高丽时阵亡将士的骸骨，毁掉了高丽当时为炫耀武功所垒的京观（收集隋军尸体，用土封起来的高冢）。于是，高建武产生疑惧，开始以唐为敌，发动全国力量修筑长城，自扶余城（今吉林省四平市西一面城）向西南延伸1000余里，直至海滨。又相继构筑了一些坚固的城郭群，以备唐军。

贞观十六年（642），高丽东部大人泉盖苏文发动政变，杀其王高建武及大臣以下100余人，立高建武的侄子高藏为王，自为莫离支（相当于唐朝吏部兼兵部尚书之职），控制国政，并联合百济，攻掠新罗，切断新罗与唐朝交往的通道，抗衡唐朝。

于是，亳州刺史裴行庄就上奏章请求讨伐高丽，太宗表示说，山东民生凋敝，不忍谈用兵之事。

贞观十七年（643），太宗说："盖苏文弑其君而独揽国政，实在令人难以容忍，以我们现在的兵力，攻占他并不困难，只是不愿劳苦百姓，我想暂时派契丹、靺鞨出兵骚扰高丽，如何？"长孙无忌说："盖苏文自己知道罪过重大，害怕大唐去讨伐，一定会严加守备，陛下可稍稍隐忍一下，使他定下心来，一定会更加骄傲怠惰，加深他的罪恶，那时候再讨伐，也还不晚啊！"太宗采纳了他的意见，派使者册命高丽王高藏为上柱国、辽东郡王、高丽王。

不久，新罗又报称，百济攻占其国40余城，又和高丽连兵，企图断绝新罗入贡的道路，请求派兵援助。太宗又派司农丞相里玄奖带着玺书去到高丽，要他和百济停止对新罗的进攻。不料遭到盖苏文的拒绝，并继续攻打新罗。

贞观十八年（644）二月，太宗听了相里玄奖的报告，当即下定出兵的决心，他说："盖苏文杀死国君，伤害大臣，残杀百姓，如今又违背我的命令，侵略邻国，不能不加讨伐。"李世勣比较能迎合皇上的意旨，他说："前几年薛延陀来攻，陛下就准备发兵攻讨，因有魏徵的劝告而停止，才使得至今仍为祸患；如果当时能用陛下的策略，北方的边境早就平定了。"

太宗说："是啊！这实在是魏徵的过失，朕不久就懊悔了，但没有说出来，因为怕因此堵塞了进献良策之道。"

太宗准备亲自出征高丽，当时群臣中有很多人都劝阻。太宗都不听，他说："八个尧帝，九个舜帝，都不能在冬天耕种；乡下人、小孩子春天播种，却能够生长谷类,这是因为符合时令的缘故。天有一定的时令，人按照时令去做，才会有成效。盖苏文对上欺凌国王，对下虐待百姓，人们都翘首待救，这正是高丽应当灭亡的时候，议论的人很多，但都没有看到这一点。"

太宗为了发动大规模的远征，加紧进行战争准备。于这年七月命令将作大监（官名，正四品）阎立德等前往洪、饶、江三州（今江西省南昌市、波阳县及九江市），造船400艘，以供运输军粮之用。下诏令营州都督张俭等人率领幽、营二都督府的部队和契丹、奚、靺鞨的部队一起先行进攻辽东，以观察形势。任命太常卿韦挺为馈运使，以民部侍郎崔仁师为副使，河北各州都受韦挺统辖和调度。又命令太仆少卿萧锐运载河南各州的粮食到海滨，准备海运。

十一月，太宗巡行洛阳，以宰相房玄龄留守京师，右卫大将军、工部尚书李大亮为副手。

已经告老退休的前任宜州刺史郑元璹，曾经跟随隋炀帝征高丽（当时郑元璹任隋右武侯将军），李世民把他找来，亲自询问征讨高丽的方略。郑元璹回答说："辽东道路遥远，粮运艰难；高丽善于守城，攻城不易迅速夺取。"李世民没有认真考虑郑元璹的意见，而自信地说："今天的形势已经和隋时不同了，你就等着听好消息吧！"

十一月二十四日，太宗委将调兵，任命刑部尚书张亮为平壤道行军大总管，左领军将军常何、泸州都督左难当为副总管，汾州刺史冉仁德、眉州刺史刘英行、抚州刺史张文斡、云麾将军庞孝泰、右骁卫将军程名振等人并为行军总管，率领江、淮、岭、峡劲卒4万，另在长安、洛阳招募士卒3000，战舰500艘，从莱州（今山东莱州市）渡海直指平壤；特进、太子詹事、左卫率李世勣为辽东道行军大总管，礼部尚书李道宗为副总管，前幽州都督张士贵，右领军大将军执矢思力、右骁卫大将军契苾何力、右监门大将军阿史那弥射、右屯卫将军姜行本、左武卫将军麴智盛、云麾将军吴黑闼、营州都督张俭等为行军总管,率领步骑兵6万及兰州、河州(今甘肃省临夏回族自治州)降唐的少数民族军队,从辽西走廊,渡过辽河,指向辽东(今辽宁省辽阳市)。两路大军水陆并进,合击高丽。

太宗派少府少监丘行淹等先行,督导所有工匠到安萝山制造云梯和冲车。

当时远近的勇士都应召从军并献出攻城器械,多不胜数,太宗还亲自加以选择,取其方便简易的器械。

太宗命令新罗、百济、奚、契丹兵配合诸路大军,又诏告天下,说明这次征讨高丽,是因为盖苏文杀死国君,虐待百姓,其情实在是忍无可忍。唐军是去辽东、碣石一带兴师问罪,凡所经过的地方,不可烦扰百姓。同时还说明这次征高丽与隋炀帝征高丽的情况是完全不同的。这次出征一定能打胜仗,原因有五点:一是以强大攻击弱小,二是以和顺讨伐叛逆,三是以安定乘对方的动乱,四是以逸待劳,五是以我方的团结一致去对付内部仇怨的敌军。有了这五条,何必担忧不能取胜呢?

贞观十九年(645)二月,太宗率六军发洛阳后,下诏:"朕从定州出发后,由皇太子监国。"行前,韦挺由于没有事先勘察运粮河道,使600多艘粮船行至卢思台(今天津市宁河区),搁浅受阻,随被押解洛阳,革除官职,由将作少监李道裕代替。崔仁师也被免职。

这时开府仪同三司致仕的尉迟敬德,向太宗建议说:"陛下亲自征讨辽东,太子在定州,长安、洛阳心腹地带兵力空虚,恐怕会有类似隋炀帝时杨玄感反叛的事件发生,而且高丽不过是个小国,不必劳累万乘天子,希望皇上派遣偏将前往征讨,就可指日消灭他。"太宗不听,并且任命敬德为左一马军总管,跟随一起出征。

是月,李世勣部到达幽州。

三月,太宗至定州(今河北定州市),又对侍臣们说:"辽东本来是中国的土地,隋朝四次出兵都未能攻下;朕如今前往征讨,是要为中原子弟报其父兄被杀之仇,也替高丽人民洗刷其君父被杀的耻辱。如今四方大体都已平定,唯独这个地方没有归顺,所以要趁朕还没衰老,利用士大夫的余力加以攻取。朕从洛阳出发后,只吃肉饭,早春的蔬菜一点也不食,就是担心太烦扰百姓。"

李世民看到生病的士卒,就亲自加以慰问,让州县给予治疗,士卒无不为之感动。有未列入东征部队名籍的,自愿以私人的装备跟从军队,数目以千计。他们说:"不求天子封爵加赏,只希望为朝廷战死在辽东。"太宗都没有应允。

是月二十四日，太宗自定州出发，亲自佩带弓矢，把雨披捆在马鞍后面。命长孙无忌暂行侍中职，中书令岑文本、吏部尚书杨师道，与太宗同行。

太宗命令自定州到辽东，沿途每数十里设置一个烽火台，并与皇太子约定，攻占辽东城时，将以烽火为讯号。

李世勣自柳城（今辽宁省朝阳市）出发，主攻方向为辽东，但为迷惑敌人，先派偏师大张旗鼓向怀远镇（今辽中市附近）方向佯动，而主力则出其不意地向西北开往甬道（今辽中市北辽河西岸）、通定（今新民县东北辽河西）。通定镇为隋大业八年（612）征辽时所置，甬道是隋军起浮桥渡辽水所筑。李道宗、张俭各率一部分两路向新城（今抚顺市北）、盖牟城（今抚顺市）、建安（今盖州市东北）方向前进，以阻止高丽军向辽东增援，保障主力两翼安全。

四月初一，李世勣所部自通定渡过辽水，进抵玄菟（今沈阳市东），高丽各城都闭城防守。初五，李道宗率数千人到新城，折冲都尉曾三良领十几名骑兵直逼城门，城里没人敢出城应战。张俭率领胡族骑兵作为前锋，渡过辽水直攻建安城，击败高丽军一部，斩杀数千人。

李世勣用抛石车、冲车猛攻辽东城，昼夜不停地攻打了12天。先是，高丽兵听说唐军有抛石车，能把

150千克重的石头抛出500多米远,甚为害怕,于是在城上用木头做成战楼,以抵挡飞石。李世勋排列好抛石车,发出的石头把城上战楼全部击毁,又推冲车,把城上的陴屋(城上的矮墙加以掩盖)全部撞碎。

太宗亲自率领精锐部队与李世勋部会合,把辽东城包围了无数重,鼓噪声震天动地。这月十七日,天刮起了南风,太宗派人爬上冲竿,烧掉城西南边的城楼,火势顺风蔓延,烧到城内。又指挥将士登上城墙,高丽军奋力作战,仍然抵挡不住。唐军攻占辽东城,斩杀1万余人,受降精兵1万余人,俘获男女4万多人,改城名为辽州。

二十八日,唐军向东进攻白岩城,该城靠山近水,地势险要。次日开战,右卫大将军李思摩中箭负伤,太宗亲自为他吮血。将士们听说后,无不为之感动。高丽乌骨城(今凤城市东南凤凰山上)派兵1万余人增援白岩城。唐将契必何力以800骑兵迎战,何力冲锋陷阵,腰部被刺中。薛万备(万彻弟)单枪匹马前往救援,从万人之中救出何力。何力更加激愤,包裹伤口再战,跟随他的骑兵奋发冲击,于是打败了高丽军。追击数十里,斩杀1000余人,天色已晚,才收兵回营。

六月初一,唐军继续攻城,李世勋攻打城西南,太宗设营在城西北。城主孙代音暗中派心腹请求投降,说:"我愿意投降,但怕城中有人不听从命令。"太宗赐给他一面唐军的旗帜,说:"如果决定投降,你就把旗帜插到城上。"不久,孙代音插上了旗帜,城内高丽人以为唐军已经登城,也就跟着孙代音投降了。

当初,太宗攻占辽东城时,白岩城曾请求投降,但没多久又后悔。太宗因为城主的反复非常生气,命令军中说:"攻下城时就把男女和财物全部赏给战士。"到这时,李世勣看到皇上要接受孙代音的投降,就带着几十名甲士请求说:"士兵所以争着冒矢石的危险奋战,不顾生死,就为了贪求虏获其男女财物。现在城已快攻下,为什么还接受他们的投降,而辜负士兵们的心愿呢!"太宗听后下马答谢说:"将军说得对。可是放纵士卒杀人而虏掠他们的妻子儿女,朕内心实在不忍。将军部下有功劳的,朕拿府库里的财物赏赐他们,这样便能从将军手中赎得这一个完整的城。"世勣听了只好退下。唐军获得该城男女1万余口,战卒2400人。太宗在临近河边的地方设帐,接受投降,仍然赐食物给百姓,80岁以上老人,赏赐给多少不等的布帛。其他城堡的士兵驻扎在白岩城的,全部给予抚慰,并发给粮食器仗,让他们自决去留。太宗在白岩城设置岩州,仍任命孙代音为刺史。

契苾何力伤势很重,太宗亲自为他敷药包扎。在审讯俘虏中,太宗查到刺伤何力的高丽士兵高突勃,便把高突勃交给何力,让他亲手杀死高突勃,以解心头之恨。何力奏报说:"他为主人冒着白刃的危险,而刺伤了我,这是个忠勇的壮士。臣和他起初并不相识,没有怨仇,就把他释放了吧。"

太宗宽待俘虏的政策颇有成效,所以在盖牟城俘虏的700名加尸城(今朝鲜境内平壤市西南)人,被释放后都请求从军报效。太宗抚慰他们说:"你们的家都在加尸,如果你们为我作战,莫离支必定会杀害你们的妻子儿女。我得到一个人的帮助,却使一家人遭到毁灭,这种事我不忍心做。"于是,都赐给他们口粮,遣送他们回去(参见李大华著:《李世民》,东方出版社2011年版)。太宗把盖牟城设置为盖州。

六月十一日太宗率大军发辽东,向安市城(今海城市东南营城子)进攻。二十一日,高丽北部耨萨(酋长,大城置耨萨,相当于唐朝的都督)高延寿、南部耨萨高惠真率领高丽、靺鞨族兵15万人,增援安市。

太宗获悉高延寿等率军来战,对侍臣说:"现在高延寿有三条策略:率兵直进,和安市城联结为营垒,据守高山的险要地势,食城中积粟,让靺鞨人来掠夺我方牛马(唐军辎重),我们久攻不能下,想要撤兵,却被泥泞所阻,就这样困扰我军,这是上策;与城中的民众乘夜晚逃走,这是中策;不自量力,前来与我军交战,这是下策。诸位看着,他一定会采用下策,很快就会被我们擒获。"

当时，高丽有个官居对卢的人年纪老了，熟悉各种事务。对高延寿说："秦王李世民对内消灭群雄，对外战胜戎狄，独他立为皇帝，真是治世的良才，如今带领全国的兵众前来攻打我们，这是难以对抗的。以我之计，不如按兵不战，使战争旷日持久，再分派奇兵切断他的粮道，他们的粮食吃尽了，求战不得，欲退无路，这样我们便可获胜。"高延寿不听，领军继续前进至距安市城20公里的地方。太宗说："敌人已落入我的计中了。"但还是担心他不来进攻，命令左卫大将军阿史那社尔率领突厥骑兵1000人，前出诱敌。双方一接战，阿史那社尔就佯装败退，高丽兵相互说道："打败唐军太容易了！"于是都抢着追击，到安市东南4公里，依山列阵。

太宗召集将领们研究打法。长孙无忌说："我听说临敌作战时，一定要先看士气。我刚刚走过各营地，看见士卒听说高丽兵到了，都拔刀结旗，喜形于色，这必定是能打胜仗的军队啊！"接着赞扬太宗说："陛下还没到弱冠之年，就亲自指挥战阵，凡出奇制胜的，都是秉承圣上的计谋，诸将不过是按照已定的计策罢了。今天的战事，乞求陛下指示！"太宗于是同长孙无忌等人，带着几百名骑兵，登高观察地形，看好可以设置伏兵的地点及出入的道路。

高丽、靺鞨的军队联合布阵，长达20公里。李道宗建议："高丽尽全国的兵力来抵抗我大唐的军队,平壤的防守必定很薄弱,请给我5000精兵,捣毁他的国都,那么数十万军队就可以不战而降。"太宗没有答应。

太宗企图以诈制敌,于是派使者去见高延寿,说:"我因为你们国家的强臣杀死国君,前来问罪;至于双方兵戎相见,不是我的本意。进入你们的境内后,粮草得不到供应,所以才夺取你们几个城池。等到你们修复臣礼,就归还那几个城池。"高延寿信以为真,就不再防备。

太宗连夜召集诸将作出部署,命令李世勣率步骑1.5万人,在西岭布阵;长孙无忌率精锐1.1万人,作为奇兵,自山的北面,经过峡谷,攻击高延寿侧后,太宗亲自率领4000步骑,暗带鼓角,卷起旗帜,隐蔽地登上高丽军北面的高山上;令各军"听到鼓角声即一齐发起攻击"。又命令有关人员在行营的朝堂旁边设置受降的帐幕。说:"明日午时,在这里收容高丽俘虏。"话毕,遂率军出击。

二十二日,高延寿等人只看到李世勣在布设战阵,即率兵出战。这时,太宗观察到长孙无忌所部尘土飞起,已迂回到指定地点,即下令擂鼓,鸣号角,旗帜齐举,各路兵马鼓噪呐喊一起发起进攻。高延寿惊慌失措,企图分兵抵御,但军队已经溃乱。正当唐军各路兵马合拢之时,天空雷电大作,李世勣率步卒1万,执长枪冲向敌人。这时有个应募的勇士薛仁贵，穿着奇异的白衣，大声呼叫着，冲入敌阵，所向无敌。大军一拥而上，高丽军大溃，被杀2万多人。战隙，太宗召见薛仁贵，当面晋封为游击将军。

高延寿等已经败阵，企图收集散部依山固守。太宗命令各军进行包围，长孙无忌所部拆毁东川桥梁，以切断高丽军退路。高延寿等见计穷势薄，进退不能，遂于次日率领余部3.6万余人投降。

太宗挑选耨萨以下酋长3500人，授给他们武职，迁入内地。其余将士全部释放，让他们返回平壤；把被俘的3300名靺鞨族士兵全部坑杀。共缴获战马5万匹，牛5万头，铁甲1万件。

战场失败的消息传到平壤，高丽全国震惊，其后黄城（今沈阳市南）、银城（似今铁岭县南）守军都弃城逃走，数百里内没有人烟。

战后，太宗任命高延寿为鸿胪

薛仁贵

卿，高惠真为司农卿。把所驻扎的山改名为驻跸山。刻石纪功，并下令把阵亡士卒的尸体做上标记，以便日后撤军时，把遗骸运回国内。

唐军猛烈的攻城战，一直延续到九月。高延寿、高惠真向太宗献策说："我们既托身大国，不敢不献出诚心，让天子早日成就大功，我们也得与妻子儿女相见。安市人顾惜他们的家，人自为战，不容易很快攻下。如今我等率领十几万高丽军队，却都望风溃败，全国人都吓破了胆。乌骨城守将年迈，难以坚守，如果移兵攻击该城，早晨到晚上就可攻下，其余中途挡道的小城，一定会望风奔溃。然后再利用缴获的资粮，鼓行而前，平壤必定守不住。"

群臣也说："张亮兵在沙城（今大连市卑沙城），召他来两三天就可到，乘高丽还在恐慌未定的时候，集中兵力攻下乌骨城，渡过鸭绿江，直取平壤，就在此一举了。"

太宗正准备采纳这些建议，只有长孙无忌认为："天子亲自出征，不同于诸将，不能冒险以求侥幸。现在建安、新城的敌人还有10万人，如果攻向乌骨，他们将从背后袭击我军，不如先攻破安市，夺取建安，然后长驱推进，这才是万全之策。"于是太宗就放弃了长驱直入、出奇制胜的考虑。

唐军久屯于坚城之下，部队疲惫，高丽军企图乘机偷袭唐军。九月的一天,太宗忽然听到城中有鸡和猪的尖叫声,遂对李世勣说:"围城的日子已经很久,城中的烟火渐渐少了,现在突然有鸡和猪的尖叫声,这必定是在犒劳士卒,要乘夜晚偷袭我们,必须严加戒备。"不出所料,当夜,守军几百人,用绳索爬出城外。太宗亲自到城下,指挥士卒突然出击,斩杀了好几十人,高丽兵急忙逃回城中。

到九月中旬,安市城仍未攻破。太宗考虑到辽东地区早寒,草枯水冻,人员、马匹难以久留,而且粮食也将用尽,遂于九月十八日下令班师。

太宗从高丽撤军后,盖苏文更加骄傲放纵,虽然派遣使者向唐呈表谢罪,但其言辞虚伪诡诈,对待唐朝使者也很傲慢。他常在边境窥测等待犯境的时机,仍然不断地侵略新罗。为此,太宗下令不接受高丽的朝拜进贡,并商议再次征讨高丽。

贞观二十一年(647)二月,太宗准备第二次征讨高丽,朝臣讨论后认为:"高丽依山为城,不容易迅速攻下。前次天子亲征,使高丽人不能耕种,所攻占的城池,粮谷全部被没收了,接着又发生旱灾,百姓大多缺乏粮食。现在如果连续派遣军队,轮番骚扰其边境,使他们疲于奔命,弃田守城不用几年,就会千里萧条,到那时,人心就会叛离,鸭绿江以北地区就可以不战而取了。"

太宗接受了朝臣们的建议，遂于三月任命左武卫大将军牛进达为青丘道行军大总管，右武侯将军李海岸为副大总管，率领1万余人，乘坐楼船从莱州渡海向高丽进攻；太子詹事李世勣为辽东道行军大总管，右武卫将军孙贰郎等为副大总管，率领3000士卒，在营州都督府兵的配合下，自新城道进入高丽。水陆二军，都选配了一些熟悉水战的士兵。

李世勣所部渡过辽水，经过南苏（今辽宁省抚顺市东）等数城，击败其守军，焚毁其外城后撤军；牛进达所部，进入高丽境，打了100余仗，直抵平壤西境的积利城下，打破高丽军1万多人的反击后撤军。

贞观二十二年（648）正月，新罗王金善德病卒，唐任命金善德之妹金真德为柱国，封为乐浪郡王。随后又下令右武卫大将军薛万彻任青丘道行军大总管，右武卫将军裴行方为副大总管，领兵3万余人及楼船战舰，从莱州渡海对高丽进行第二次骚扰、破坏性的进攻。

这时，太宗九嫔之一的充容徐惠，因为皇上征讨高丽，攻伐龟兹，又相继在骊山（今陕西省西安市临潼区东南）顶修缮翠微宫，在宜君县建造玉华宫，加上衣着、玩器都很华丽奢靡，上疏劝谏太宗，内容大略是说："拿有限的农业收入，去填无穷的巨浪（指渡海征高丽）；企图得到不服的别国民众，而丧亡了累建功勋的我军。这就像昔日的秦始皇并吞了六国，反而加速动摇了危亡的基础；晋武帝统一了三国，反而成了他后来失败的基业。这些难道不是好大喜功，弃德轻邻，图利忘危，放纵情欲所导致的吗？由此可知土地辽阔并非长治久安之策，使百姓劳困才是国家动乱的根源。"太宗虽然很赞赏她的话，但是对外征讨之策不变。

高丽经过唐军连续的骚扰战，经济生产活动遭到极大的破坏。

这年六月，太宗准备利用高丽的困难形势，再次发动大规模的进攻，可是到了次年，太宗便病逝了，第二次辽东之役未能实现。

贞观十年（636）基本上可以作为一个标志，在这以前为贞观前期，以后为贞观后期。太宗的为人和治国，在贞观后期都逐渐走下坡路。正如魏徵在贞观十年（636）上疏中所指出的那样："自从王道美好，有十多年了，威力遍及全国，万方来朝拜，国库一天天充实起来，领土天天扩展。但是道德没有更加深厚，仁义没有更加广博，为什么呢？因为对待臣下的态度没有完全诚实信用，纵然做事有良好的开端，却不见得能善终的缘故。它的形成是逐渐的，不只一早一晚。过去贞观初年，听到好事惊喜赞叹，到贞观九年（635）间，还高兴地听取劝谏。自那以后，逐渐厌恶直言规谏；

即使勉强容纳，不再像过去那样宽宏大量。正直敢言的人，逐渐避免触犯君王；邪佞的小人，无所顾忌地施展花言巧语。认为同心同德的人是独揽政权，认为忠诚正直的人是诽谤别人。说人家是结党营私，即使他忠实诚信也觉得可疑；说人家是大公无私，即使他弄虚作假也觉得没有过失。坚定刚直的人担心独揽政权的罪名，忠诚直言的人忧虑诽谤别人的过错。甚至毫无事实根据地乱加怀疑，听信谣言而造成疑惑，使正直的人不能完全陈述自己的意见，大臣没有谁能直言规谏。迷惑自己的视听，使理想的准则闭塞，妨碍施政，损害德行，恐怕就在于这里吧？""如今要想求得到国家的治理，总是把国事委托给君子；而国事处置的成功失败，却又去向小人咨询。对待君子的态度是严厉而疏远，对待小人的态度是随便而亲近。亲近小人就无话不说，疏远君子就使下情不能上达。这样就是褒贬决定于小人，刑罚施加给君子，确实是关系到国家的兴亡，能不慎重吗？"

贞观十一年（637），向太宗进谏的人特别多，光魏徵就进谏3次。此外，刘洎、马周、岑文本等人也都进谏过，就连一向不敢进谏的长孙无忌也破例开口。这就说明这一年是一个重要的标志，从这以后太宗的为人和治国渐渐下滑。

聪明的太宗对此并非毫无觉察。贞观十一年(637)，太宗问魏徵道："近几年朕所做的事情得失与政治教化跟以前相比怎样？"魏徵回答说："如果就恩泽声威能到达的地方和外族前来朝贡的情况来说，与贞观初年是不能相提并论的。如果从德义与百姓暗中相通，民心高兴诚服来说，比贞观初年又相差很远。"太宗说："远方外族来归服，应当是由于施予德义，过去的德义为什么反而更大？"魏徵说："过去天下未安定，常把德义铭记在心；不久，因国内平安无事，逐渐增加骄奢自满的情绪。所以，功业虽然盛大，德义始终赶不上贞观初年。"太宗又说："所做的事比以前有哪些不同？"魏徵说："贞观初年，担心别人不进言，引导大家规谏。3年以后，见有人进谏，能高兴采纳听从。最近一两年来，不喜欢别人劝谏，虽然努力听取和接受，而内心始终不高兴，确实有为难的样子。"太宗说："的确如你说的，除了你是没有人能说出这些话的。人都苦于不能自己察觉毛病，你刚才未讲时，我自认为所做的事没有变化，等到听你论说后，我的过失已很惊人。你只要保持这样的忠心，我终究不违背你的话。"（《贞观政要·论纳谏》译文）

贞观十一年（637）之后，魏徵不断地指出太宗在为人和治国方面的缺点和失误，仅据《贞观政要》记载：十一年（637）就有三次、十二年（638）有两次、十三年（639）有一次、十四年（640）有四次、十五年（641）

有一次、十六年（642）有两次。其余大臣，也不断对太宗提出规劝：刘洎十一年（637）有一次、十六年（642）有一次、十八年（644）有两次；褚遂良十五年（641）有一次、十八年（644）有一次；房玄龄十七年（643）有一次、二十二年（648）有一次；马周、岑文本、长孙无忌十一年（637）各有一次；刘仁轨十四年（640）有一次；高季辅十七年（643）有一次；尉迟敬德十八年（644）有一次；充容（九嫔之一）徐氏二十二年（648）有一次。

在以上这些劝谏中，最有代表性的是魏徵于贞观十三年（639）的上疏。这篇奏疏全面、具体、深刻地指出了太宗贞观后期下滑的情况。该奏疏即著名的"十渐疏"，又称"十渐不克终疏"，指出了太宗贞观后期10条不如前期，即10条不能坚持到底：

"贞观初年，陛下不烦扰百姓，没有贪欲，清明宁静的教化，远远遍及荒僻地区。现在来考察一下，这种风气渐渐丧失了。听陛下的言论，远远超过上古的英明帝王；论陛下的作为，还没有超过中等品德的君主。凭什么这样说呢？汉文帝、晋武帝都不是古代的英明帝王，汉文帝不接受千里马，晋武帝烧掉雉头毛制的裘衣。现在陛下却派人到万里之外去寻求骏马，去外国购买珍奇之物，被沿途的百姓责怪，被外族所轻视，这是陛下渐渐不能坚持到底的第一条。

"贞观初年,陛下对待百姓就像对待自己身上的伤口一样,关心备至,怜悯他们勤恳辛劳,爱护百姓就像爱护自己的子女一样。自己总是保持简朴节约,没有营建什么宫室。近几年来,心思在奢侈纵欲方面,一下忘记了谦虚节俭,轻易地使用人力,还说:'百姓没有事干就会放纵,劳累就容易驾驭他们。'自古以来,没有由于百姓清闲安乐而造成国家倾覆败亡的,哪有反而害怕百姓放纵而故意去劳累他们的呢?恐怕这不是振兴国家的正确言论,又怎么是安抚百姓的长远办法呢?这就是陛下渐渐不能坚持到底的第二条。

"贞观初年,陛下减少自己的享受而使他人得到好处。到了现在,放纵个人的私欲而劳累百姓。谦虚俭朴的作风一年年地改变,矜骄奢侈的性情一天天地不同。虽然口中不停地说着关心百姓的话,心中却非常关切使自己快乐的事情。有时想营建宫室,担心臣下来规劝,就说:'如果不这样做,对我自身不方便。'碍于君臣的情面,臣下怎么能够再诤谏呢?这是一意封住劝谏人的口,还能说是选择好的意见而照着实行吗?这就是陛下渐渐不能坚持到底的第三条。

"陛下在贞观初年,注意磨炼名誉节操,对人不偏私,只要贤良就接近,亲近爱护君子,疏远斥退小人。现在就不是这样了,轻率地狎近小人,很有礼节地尊重君子。名为尊重君子,实际上是敬而远之;名为轻视小人，其实是亲热地接近他们。亲近小人就看不见他们的坏处，疏远君子就不知道他们的好处。不知道君子的好处，不用别人离间就会自己疏远他们；看不见小人的坏处，有时就会自己去亲近他们。亲热地接近小人，绝不是国家达到治理的办法；疏远君子，难道是振兴国家的作风？这就是陛下渐渐不能坚持到底的第四条。

"陛下在贞观初年，行动遵循尧、舜，抛弃黄金美玉，回复了淳朴的本性。近年以来，特别喜爱稀奇怪异的东西，难以获得的物品，再远也要弄到手；珍奇玩物的制作，没有停止的时候。陛下爱好奢侈浪费而希望群臣百姓敦厚俭朴，过多地兴办工、商业而求农人丰足厚实，这不可能办到已经很明显了。这就是陛下渐渐不能坚持到底的第五条。

"贞观初年，陛下像口渴思饮那样访求贤人，珍惜别人举荐的人，相信并任用他们，发挥他们的长处，还担心他们不能充分发挥。近年以来，凭着心中的喜好和厌恶，有时众人说好而被举荐任用的人，只要人诋毁就抛弃他们；有些多年相信而任用的人，有时一旦怀疑就疏远他们。行为有一贯的做法，做事有一贯的表现。诋毁举荐的人，不一定比被举荐的人可信；多年的作为，不应该一下子就否定。君子的胸怀，屡行仁义而发扬盛大的功德；小人的本性，喜欢挑拨是非为自己谋利。陛下不审查其根源，而轻易地对它进行褒贬，这使得奉行道义的人一天天疏远，钻营利禄的人日益提拔，因此人人只求苟且无过，谁也不愿尽心竭力。这就是陛下渐渐不能坚持到底的第六条。

"陛下刚登上帝位，处在高位看得深远，办事只求不烦扰百姓，心中没有嗜好欲望。在内除去毕、弋等猎具，在外禁绝一切打猎的根源。几年以后，就不能固守心志了。虽然没有长时间的逸乐，有时也超过了天子一年三次田猎的礼制。于是使游猎的欢乐被百姓讥讽，猎鹰猎犬的贡献远到四境外族。有时候，教练武艺的地方，道路遥远，陛下清晨出去，深夜才回来，把驰骋当作欢乐，不考虑难以预料的变故和发生不测之祸，来得及挽救吗？这就是陛下渐渐不能坚持到底的第七条。

"陛下刚登上帝位，用恭敬的态度接近臣子，君王的恩惠向下流布，臣子的想法上达君王，君臣都想竭心尽力，心中没有什么隐讳。近年以来，有许多忽略了的地方。有的地方官充任使节，上奏事情来到朝廷，想见见天子，要陈述见到的事情，又不能和颜悦色地倾听，有所请求，又得不到恩准。有时由于臣子有不足之处，严责他的细小过失，这时，即使有聪敏善辩的才能，也无法表明他的忠诚，而希望上下一条心，君臣融洽，不也太难了吗？这就是陛下渐渐不能坚持到底的第八条。

"陛下在贞观初年,勤奋努力,不敢懈怠,委屈自己顺从他人,常常还觉得做得不够。近年以来,稍微有些骄傲放纵,仗恃功业伟大,心中轻视前代帝王,自负圣哲英明,心中看不起当代人物,这是骄傲在滋长。想要干什么,都要称心如意,即使有时控制情感听从规劝,始终也不能忘记想要干的事,这是私欲在放纵。志趣在嬉戏游乐,心情没有厌倦,虽然没有完全妨碍政事,但不再专心国家大事,这是过度的娱乐。天下安定,外族诚服,仍然在远方劳苦军队,向边远的外族进兵,这是过分地满足心愿。亲近的人迎合陛下旨意而不肯陈说,疏远的人畏惧君威而不敢规劝,如此积累下去而不停止,将要损害陛下高尚的品德。这就是陛下渐渐不能坚持到底的第九条。

"贞观初年,连年霜灾旱灾,京郊的百姓全都流向潼关外,扶老携幼,往返几年,没有一户人家逃亡,一人抱怨痛苦,这确实是因为百姓体会到陛下怜悯抚育他们的关怀,因此到死也没有逃离的人。近年以来,百姓被徭役弄得疲敝不堪,关中的百姓,劳苦疲困尤其厉害。各种手工工匠,结束服役期限后,全留下来继续受官府雇用;正在服役的士兵,大多调到京城去做别的事情。在乡间采购物资,接连不断,道路上押送物资的差夫一个接一个。已经有了弊端,百姓就容易被惊扰,如果由于水灾旱灾,谷麦无收成,恐怕百姓的心,就不能像过去那样宁静安稳。这就是陛下渐渐不能坚持到底的第十条。"(参见汪篯著:《唐太宗与贞观之治》,求实出版社1981年版)

　　唐太宗晚年,随着年龄的增长,也被迷信思想蛊惑,追求长生不老之术,大量服食丹药,这是他身体快速恶化的重要原因。据记载,贞观十六年(642),唐太宗还娴熟地拉弓围猎多次。自贞观十七年(643)起至二十三年(649)太宗去世,这7年时间只围猎一次,说明他的身体和精神状况都不太好。这段时间经历了废太子李承乾、黜魏王李泰一系列事,让太宗一度精神崩溃,郁郁寡欢的太宗开始服食药石。当时还有记载说太子右庶子高季辅进谏政事得失,太宗觉得颇有道理,便赐给他钟乳一剂,说:"卿送药石之言,故以药石相报。"(《旧唐书·高季辅传》)

　　此时再回顾贞观初年,唐太宗还耻笑秦始皇追求长生不老、得道升仙的荒唐,他说:"神仙事本虚妄,空有其名。秦始皇非分爱好,遂为方士所诈。"(《太平御览》)贞观五年(631),也说:"此诚不经之事,不能爱好。"(《贞观政要》卷六,《慎所好》)贞观十一年(637)二月下节葬诏时还说:"夫生者天地之大德,寿者修短之常期。生有七尺之形,寿以百龄为限。含灵禀气,莫不同焉,皆得之于自然,不可以分外企也。

虽复回天转日之力，尽妙穷神之智，生必有终，皆不能免。"（《册府元龟》卷六十七）讲得何等精彩！不料晚年竟重蹈秦皇的覆辙，这是历史的悲剧，一代英主也不能摆脱历史的局限性。

　　唐太宗终于在贞观二十三年（649）三月发病，五月二十六日去世，享年52岁，八月安葬于昭陵。

七、君临万方,兴丝路开盛世

1. 唐初期的外交机构和对外通好

唐朝建立初期,国内由于长期内战刚结束而百废待兴,不得不对北方强大的突厥称臣以换得和平发展的时间。经过改革和发展,唐朝很快实现了强盛和繁荣,国内强盛则"天下归心","远夷皆服"。盛唐时中外关系出现了前所未有的良好局面。

唐朝实行了比汉朝更开放的对外政策,除进一步加强与亚洲邻国的宗藩体系外,还积极发展海外交往。唐朝不排斥外来文化,鼓励外国的宗教及技术在中国传播,也不过多地限制中国技术和文化的输出,甚至有意识地对外炫耀中国文明、强大和自信。唐朝威名远扬,是汉人在历史上建立的最强大的国家。直至今天,不少海外华人的聚居点还被称为"唐人街"。

唐朝外交的对象有二,一是以游牧民族为主的少数民族政权(有一部分归附了唐朝),二是亚欧诸独立国家政权。这是用今天的标准来划分的,而在当时,对唐朝来说都是"外国"。

李渊父子初立唐朝,政府组织形式模仿隋朝。"高祖发迹太原,官名称谓,皆依隋旧。"后多有变革创新。外事方面,宣战主和大事,皇帝有最高决策权。唐初设三省,瓜分相权。唐代君主,颇能兼听"省议",故三省官僚都能参与外事决策,在讨论对待外族外邦的政策时,唐太宗比较重视大臣意见,君臣共同制定了外交总方针,即"不务求广地"以求身后之虚名,对外恩威并用,武力与怀柔相结合;对归顺之族或征服之邦,任用故官,设羁縻州府,予以形式上的自治。重点发展实力,"九州殷富,四夷自服"。唐朝外交十分活跃,"万国来朝,莫不宾服",周边民族多归服于唐。外交上开创出这前所未有的大好局面,与唐朝决策体制的小小进步有很大关系(参见赖瑞和著:《唐代高层文官》,中华书局2017年版)。

唐朝外事执行机构分工更加明确。唐朝中央机构中的主要机关是3省、2台、11寺。鸿胪寺是11寺之一，唐曾改鸿胪寺为同文寺、司宾寺，后又改回正名。唐朝以前，鸿胪一职，掌管诸侯四夷事务。到唐朝时，诸侯王仅存空名，不再实行分藩制度，鸿胪就只掌管蕃国外邦朝觐的礼节。鸿胪卿为正三品，还有鸿胪少卿、鸿胪丞。但凡有诸蕃国册立会盟吊祭之事，大多都以鸿胪充使，若他官充任，就不必兼鸿胪之职。

鸿胪寺下设3署，与隋制同，即典客署、司仪署、崇玄署。

尚书省下属六部中有礼部，具有外事性质，而不是纯外事部门。礼部尚书掌礼仪祭享贡举之政。《新唐书·百官志》记，礼部下辖四司，其中主客司掌二王后及诸蕃朝见之事。唐主客司所掌蕃属有70余国。《旧唐书》说："凡四蕃之国，经朝贡之后，自相诛绝。及有罪灭者，尽三百余国。今所存者七十余蕃。"礼部主客司与鸿胪有职权分工，大致是：鸿胪使于外，主客则迎于内。鸿胪卿（三品）级品高于主客郎中或主客员外郎（五品），鸿胪寺编员225人。主客司虽不直辖于鸿胪寺，但受其制约。《旧唐书·百官志》说："其朝贡之仪，享宴之数，高下之等，往来之命，皆载于鸿胪之职焉。"

唐朝继承了古已有之的中国文明优越感，将所有"远夷"都视为自己的藩属，对来朝者往往表现出"怀柔存抚"的宗主风度。外贸上唐政权视各方进口之物为"贡物",并报之以比贡物多得多的"回赐"。对外国来使招待盛厚。国外使节在中国境内旅居之费,均由朝廷支付。长安郊外设长乐驿,奉酒脯慰劳各国来使,并有内使迎至四方馆下榻。唐皇在麟德殿接见外国使节,在内殿赐宴、授赏、授爵。如逢重大节日,各国之使按秩序在蓬莱宫含元殿分东西两畔参列朝贺。使节归国时,由特设的监使宣读诏敕,赠与答信物,并举行拜辞、回赐、送别仪式和宴会(参见胡戟著:《唐代政治文明》,西安出版社2013年版)。

唐朝设有专门机构和官员,掌握中外贸易事宜。约在贞观十七年(643),唐设"互市监"掌海外贸易,诸如验货、定价和抽税等事务。

唐朝政府铸造雌雄铜鱼各一,刻上已经建立外交关系的国名,置于彼国,作为历史见证。

唐帝国在周边新得之地设立了与内地府州不同的统治机构,以特殊政策对待归顺于唐的唐边少数民族。唐朝版图比汉朝大得多,所立的"特区"也比汉朝多。贞观四年(630),唐灭东突厥,唐太宗确定了以"羁縻州府"形式进行"安边"。同以往汉族统治者"贵中华、贱夷狄"的思想不同,唐太宗主张对各族"爱之如一",并仿效汉代西域都护府的设置,在内附边区建立都护府,负责"抚慰诸蕃,辑宁外寇,觇候奸谲,征讨携贰"。

从太宗贞观十四年（640）到武后时期，唐朝先后在四方建立了8个都护府。到玄宗开元、天宝年间，只剩下6大都护府，分别介绍如下。

（1）安东都护府，设在平壤。高宗总章元年（668），唐侵占高丽，分其地为9都督府，42州，100县。安东都护府对外代表朝廷应付百济、新罗、日本诸国的事变。唐朝派往日本的使节多经安东府出境，而安东府也派自己的使团出访。安东都护府是唐朝侵略高丽的产物，在某种程度上可视为一个殖民机构。

（2）单于都护府，设在云中城（在今内蒙古自治区呼和浩特市西）。唐高宗永徽元年（650），唐军大破碛南东突厥，分其地置单于、瀚海二都护府。单于都护府统辖今外蒙古南部及内蒙古自治区中西部地区，

北庭都护府遗址

瀚海府统辖漠北广大地区。

（3）北庭都护府，设在庭州（今新疆维吾尔自治区奇台县西北），置于武后长安二年（702），统辖天山以北突厥十姓、突骑施、葛逻禄等部。

（4）安北都护府，设在金山，原为瀚海都护府。贞观二十年（646），唐灭薛延陀，漠北铁勒诸部内附。次年，回纥等11部首领入朝，共尊唐太宗为"天可汗"，太宗乃置府统辖之，高宗总章二年（669）改瀚海都护府为安北都护府。

（5）安西都护府，设在龟兹（曾迁往碎叶）。贞观十四年（640），唐灭高昌国（今新疆维吾尔自治区吐鲁番），设安西府统辖今疆南、帕米尔以西中亚一带广大地区。安西都护府的设置，为唐朝同波斯、阿拉伯国家的外交提供了方便。

（6）安南都护府，设在宋平（今越南河内）。唐高宗调露元年（679），改交州都护府为安南都护府，统辖中南半岛北部一带羁縻府。

都护府的建立，主要目的在加强对归附或被征服民族的统治与管理，巩固边防安全。都护府在外交上有一定自主权，除"抚慰诸蕃"，迎送外交使节外，特殊情况下可单独派特别使团处理部分外交事务。都护府的设置确立了东至库页岛，西至咸海、阿姆河流域，南至唐林州（设于安南的一个州，包括古罗江），北至贝加尔湖西北的广大版图。

我们知道,汉代中国已经和印度尼西亚有往来关系,之后这种关系也在继续发展。众所周知,东晋法显于义熙七年(411)从锡兰(今斯里兰卡)回国,中途遇台风,漂流到耶婆提国(今印度尼西亚境内),在此逗留5个月后航行到广州。至于耶婆提一地,有人认为是今之爪哇,也有人认为是苏门答腊,还没有定论,姑从爪哇之说。耶婆提显然是印尼一个大商港,因为同法显搭船到广州的有200许人,而且多数是商人。

公元5世纪南朝宋文帝统治时期,印尼诃罗单国治阇婆时,曾6次来华奉送方物,甚至每年一度之密,可能属于朝贡贸易的性质。阇婆州就是爪哇。

隋代又将爪哇称为"杜薄",即"阇婆"。中国史书又提到干陀利(位于苏门答腊)和婆利(在苏门答腊的巴厘)均与中国友好往来。

唐代称爪哇为"诃陵国"。诃陵国与中国进行朝贡贸易关系凡7次之多。

公元7世纪,有室利佛逝国出现,它的领域包括巨港(现在的占碑地区)、邦加和克拉峡,并控制马六甲海峡。因此成为中国和印度交通线上的重要港口,来往客商的人数显著增加。室利佛逝不仅是繁盛的商港,而且是研究佛学的中心。唐代去印度取经的著名僧人往往在此停留,翻译佛经。其中最著名的是义净。

义净姓张,字文明,范阳(今河北省涿州市)人,唐高宗咸亨二年(671)从广州乘船前往室利佛逝,受到国王的优礼。他在室利佛逝停留6个月,然后到印度研究佛经10年,采了一些佛典返回室利佛逝,译成汉文。义净所著的《南海寄归内法传》是在室利佛逝写成而寄归中国的,他著的《大唐西域求法高僧传》,自称"从西国(印度)还,在南海室利佛逝撰,寄归"。义净在室利佛逝前后住了十二三年,可以说是印尼华侨了。还有一位高僧运期,他精通古爪哇语,居住在爪哇和室利佛逝,终老于印尼,他也是一个印尼华侨。此外还有不少僧侣长期住在印尼。他们在华侨史上应该占有显著地位。

阿拉伯人马素提在《黄金牧地》一书中指出,943年当他到苏门答腊时,看见许多中国人在岛上耕种,尤以巨港为甚,他们是在黄巢起义失败后迁居印尼的。这些起义失败而流寓国外的人,只能老死于侨居地,因此印尼华侨越来越多了。

上面提到室利佛逝这个国家,它的势力及于马来半岛。隋唐时代,马来半岛已有一些小王国,如赤土、丹丹、盘盘和狼牙修国,其中以狼牙修为最著名。《梁书》卷五十四有传,狼牙修大约在半岛北部,或今之吉打和六坤之处。狼牙修是一个印度化之国,于515年、523年及568年曾遣使中国通好。

缅甸境内还有一个继掸国而起的骠国。唐代史籍说它东西3000里，南北3500里，全国有9个城镇、298个部落，还有18个属国。骠国和中国一贯进行文化交流和经济交流。特别是"骠国乐"传入中国，造成了不小的影响。两国人民的交往和互相移居是比较频繁的。因为两国领土相接的关系，我们相信唐代的华侨大有人在。说起华侨，我们一定会想到一个词："唐人街。""唐人"成了国外华侨的代名词，华侨聚居的地方也就被称为了"唐人街"。说起唐朝，你一定会记起这样一个让中华儿女备感骄傲的时代——盛唐（参见谢弗著：《唐代的外来文明》，中国社会科学出版社1995年版）。

2. 唐太宗时期的贸易与丝路通道

唐太宗贞观年间，唐朝通过一段时间的休养生息，通过几次战争，打败了当年匈奴雄踞地区的突厥，再次打开了通往西域的丝绸之路。

唐朝对外通商往来的国家由隋朝时的十几个发展到70多个，唐太宗和他的继承者们鼓励各国商人到中国贸易，大批的外商从陆路、海路来到长安、洛阳、扬州、广州等城市，汉武帝开辟的丝绸之路得到了恢复和发展，延伸到了遥远西域和地中海沿岸，并伸向了广阔的海洋（参见赵丰编著：《唐代丝绸与丝绸之路》，三秦出版社1992年版）。

唐太宗打开西域的贸易和信息通道以后，西域各国纷纷内附，在经济文化上互相交流，各国间在交流中受益颇丰。下面对唐时西域略加介绍。

识匿国：在今新疆塔什库尔干西250公里。贞观十六年（642），遣使来朝。唐高宗时，置至拔州都督府，任国王为都督。

护蜜国：高宗时置都督府，任国王为都督，肃宗时赐姓李。

康国：两汉时称康居国，唐太宗时遣使内附，高宗时置都督府，任国王为都督。

安国：贞观初遣使来朝，高宗置安息州，任王为刺史。

曹国：分东、西、中三国，附于唐。

石国：唐高祖时遣使来朝，高宗时设大宛都督府。

米国：高宗置南谧州，任国王为刺史。

何国：高宗时置贵霜州，任国王为刺史。

火寻国：向唐朝贡。

史国：高宗时设沙州，国王为刺史。

拔汉那国：西汉时的大宛国。高宗时来朝，置休循州都督府，任国王为都督，因助战有功，玄宗封他为奉化王；公元741年，改国号为宁远；公元744年，国王娶唐和义公主为妻；公元754年，遣王子入朝留长安学礼。宁远国地当葱岭北道要冲，唐特加优厚，关系特别友好。

吐火罗国：西汉时的大夏国。龙朔元年（661），唐置月氏都督府，任国王为都督。

波斯国：今伊朗，西汉时为安息。

贞观七年（633），大食（阿拉伯）侵波斯，波斯战败，国王伊嗣侯逃亡；贞观二十一年（647），伊嗣侯遣使来朝，请求援助，因道路遥远，唐太宗不许；伊嗣侯死，子卑路斯逃亡到吐火罗，又遣使来求救，唐高宗因路途遥远不允许出兵；龙朔元年（661），在卑路斯的请求下，高宗设波斯都督府，任卑路斯为都督，但波斯土地已被占领，只是空名，后卑路斯入朝，死在长安；调露元年（679），高宗派裴行俭护送王子回去，捏泥师不得入国，客死在吐火罗。波斯的残余部众向唐表示友好，直到唐代宗时还有以"波斯"名义来"朝贡"的。不少波斯人居住在中国，其中大部分是商人。

唐朝的势力到达了里海东岸和北岸，影响更远。

亚美尼亚：亚美尼亚的史书是这样记载的：中国是世界上最靠东的国家，国家富裕，人民温和，文化悠久，不仅可以称为"和平之友"，还可以称之"生命之友"。中国的丝产量丰富，人人都穿丝衣，而在本国，只有王侯巨富才穿得起。史书还记载，亚美尼亚居民中有很多中国人,有一个叫奥配良族的,自称是中国的皇族。一个叫马密哥尼族,自称东汉三国时从中国逃难到波斯,又转到亚美尼亚。玄奘《大唐西域记》记载说,有一个小孤城,300多户,原是中国人,被突厥掳掠,迁到西域,后和国人共保此城,服装礼节,已和突厥相同,语言风俗还保持中国本色。

在中亚许多国家都有中国人,这些人就是早期华侨。

东罗马:当时又叫拂菻国、大秦国。7世纪初,东罗马史书《莫利斯皇帝大事记》一书,称中国为陶格斯国,君号为天子,国内安宁无乱,国家权力都归国君一家世袭,无人争夺。陶格斯崇拜偶像,法律严明,公正不枉。人情温和,技巧异常,物产丰富,善于经商,多有金银财帛。国家统一,户口众多,天之上,地之下,没有一个国家能够和它为敌。国中有蚕,丝就是蚕吐出的。因受大食威胁,东罗马对无敌的中国抱有相求的希望。

贞观十七年(643),东罗马国王波多力派使者来唐,献赤玻璃、绿金精等物。太宗回信答礼,并回赠丝织品。

乾封二年(667)、大足元年(701),东罗马使者先后来朝,开元七年(719)两次来朝,献狮子、羚羊和其他方物,并有宗教首领代表国王来访。在唐朝前期,东罗马使者来唐7次,中国使者也访问东罗马。

西域是通往西方世界的交通要道,在唐太宗及其继承者打通这条通道后,东、西方的政治、经济、文化空前繁荣,促进了东西方经济文化的发展,把古老的东西方文明联系在一起了;通过这条通道,还把中国和南亚国家联系起来。高大的喜马拉雅山和雄伟的青藏高原把南亚次大陆分割开来,当时要翻越雪域高原真是太难了,而通过西域这条通道就容易多了。

印度:汉时叫"身毒",唐时叫"天竺",都是"印度"的谐音。天竺分为中、东、南、西、北五部。

唐高祖时,中天竺戒日王征服四天竺。

贞观十年(636),中国名僧玄奘到中天竺,受到戒日王的隆重欢迎。

贞观十五年(641),戒日王遣使来朝聘,唐太宗也遣使以厚礼回聘。王玄策出使到天竺,四天竺国王都遣使随王玄策来访。

贞观二十二年(648),戒日王病死,这时王玄策等人正在中天竺,叛臣阿罗那顺篡位自立,发兵攻击王玄策,夺取各国聘礼。王玄策逃到吐蕃,吐蕃出兵1200人,泥婆罗出兵7000人,击败了阿罗那顺,收回了各国聘礼。

尼泊尔:当时译为泥婆罗。

唐三彩凤首壶

太宗派使臣经吐蕃，再经尼泊尔到印度，尼泊尔国王大喜，优礼相待，从此和唐保持友好关系。

新罗：隋朝和唐初，朝鲜半岛上的国家和中国都有往来，新罗和唐朝的来往频繁。新罗来唐的留学生多时达到200余人，他们回国广泛传播唐朝的文化。新罗商人的足迹踏遍中国的大江南北，新罗物产居唐进口的首位，朝鲜音乐进入隋、唐家庭，新罗仿照唐朝科举制选拔官吏，采用唐朝历法。

日本：中国和日本在西汉时已有交往，东汉光武帝给予日本国王印绶。三国时，日本使者来魏4次，魏使者去日本2次。南朝时，两国使者经常往来。隋朝时，日本使者来中国4次，中国使者去日本1次，并派留学生、学问僧来中国学习。唐太宗贞观五年（631），使者朝唐。整个唐代，日本派使者来朝在13次以上，每次都带有留学生和学问僧。

流鬼：在堪察加半岛。贞观十四年（640），国王遣使来朝，太宗给使者骑都尉的官号。

唐朝贞观及以后100多年里，唐朝凭借强大的国力和武功做后盾，维持广大地区的国际市场。唐初武功之盛是空前的，版图之大，超过西汉：东至朝鲜，西至新疆，南至安南，北至外蒙古，葱岭以西、中亚地区几乎都被征服，构建了大唐贸易的海陆两条丝绸之路（参见樊英峰主编：《丝路胡人外来风：唐代胡俑展》，文物出版社2008年版）。

3. 唐蕃友好的主角：文成公主

文成公主，生卒年不详。对丝绸之路的贡献可谓意义非凡，她是唐蕃友好最有力的推动者。历史上对文成公主的具体名字没有详细的记载，在吐蕃，文成公主被尊称甲木萨，意为"汉地女神"的意思。唐贞观十四年（640），唐太宗李世民封李氏宗女为文成公主，第二年嫁于吐蕃赞普松赞干布为王后。自此，唐蕃结为姻亲之好，200年间，凡新赞普即位，必请唐天

文成公主雕像

子"册命"。

贞观八年（634），吐蕃赞普松赞干布派遣使者访唐，唐太宗又派遣冯德遐回访吐蕃。松赞干布再次遣人到唐朝，提出要迎娶一位唐朝公主，遭到唐太宗的拒绝。由于当时吐谷浑王诺曷钵也入唐朝觐见，吐蕃特使回去后便告诉了松赞干布，声称唐朝拒绝这个婚约是由于吐谷浑王从中作梗。

唐贞观十二年（638），松赞干布借口吐谷浑王阻挠同唐朝和亲，发兵吐谷浑、党项、白兰羌，直逼唐朝松州（今四川松潘），唐朝大将牛进达出兵大败吐蕃，松赞干布退兵后主动遣使向大唐请罪并再次提出请婚。他派大使禄东赞携带黄金5000两及其他等量珍宝来唐下聘礼，唐太宗答应了这一请求〔参见（德）莫尼卡·格赖芬·冯·鲍里斯著：《文成公主入藏记》，商务印书馆2000年版〕。

7世纪，唐朝在当时世界上是经济文化最先进的国家。据说，禄东赞带着大量的金银财宝，率使团来长安请婚。不料，天竺、格萨、大食等国也派使团前来请婚，期望能娶得贤惠的文成公主。为了能给公主选得好夫婿，唐太宗想了一个办法，让各国的婚使们比赛智慧，谁最后胜出，便能娶得公主，这便是历史上的"六试婚使"。

第一试：如何用一根柔软的绫缎穿过明珠的九曲

繁杂的孔眼。

第二试：如何辨别出100匹骒马和100匹马驹的母子关系。

第三试：要求求婚使者在一天内喝完100坛酒，吃完100只羊，并能把羊皮揉好。

第四试：准备100段松木，让使臣分辨其根和梢。

第五试：于晚上辨认京师万祥门内的门不迷路。

第六试：辨认出真正的公主。

禄东赞聪明，有智慧，全都破解了这6道难题，最后为吐蕃娶得文成公主。

相传，当年文成公主辞别父母，离开长安，离开家乡，跋山涉水，历尽千辛万苦来到荒漠的高原上，由于思念长安，思念自己的父母，不由得想起了临别时母亲送给她一面宝镜时说的话：若怀念亲人时，可从宝镜里看到母亲。文成公主便取出母亲赠予的"日月宝镜"，双手捧着照起来，镜子里的并不是母亲，而是自己满脸的愁容。她一生气，把宝镜摔在地上。没想到，宝镜刚落到地面，立刻化成一座高山，后人称之为日月山。它恰好挡住了一条东去河流的去路，河水不得不掉头回流，被人们称为倒淌河。这日月山和倒淌河就在青海省西宁附近的青藏公路旁。

贞观十五年（641）正月十五，唐太宗将文成公主下嫁松赞干布，命江夏王李道宗（太宗族弟）持节护送。

在唐送亲使江夏王李道宗和吐蕃迎亲专使禄东赞的共同伴随下，文成公主一行从长安出发，途经西宁，翻过日月山，跋山涉水才到达拉萨。

松赞干布率群臣迎接公主，以子婿之礼谒见李道宗，后与文成公主共同返回逻些（今拉萨）。松赞干布非常疼爱文成公主，特意为她修筑了城墙和宫室（参见谭力、黄志龙著：《文成公主》，作家出版社2001年版）。

松赞干布与文成公主的姻亲极大地促进了中原与吐蕃友好关系的发展，使臣和商人来往频繁。倾慕中原文化的松赞干布脱掉毡裘，改穿绢绮，并派吐蕃贵族子弟到长安国学读书。

贞观二十三年（649），唐太宗李世民去世，高宗李治继位后，派遣使者到吐蕃告哀，并授松赞干布"驸马都尉"，封"西海郡王"。松赞干布派人去长安吊祭太宗，献金15种供于唐太宗墓，并上书表示对唐高宗的祝贺和支持。

与文成公主命运相似的还有金城公主，两人虽不是皇帝的女儿，但是在吐蕃都享有很高的地位。

吐蕃书籍《贤者喜宴》记载"松赞干布登临欢庆的宝座，为文成公主加冕、封作王后"。

《敦煌吐蕃历史文书》记载："赞蒙文成公主由噶尔·东赞域松迎至吐蕃之地""及至羊年（683）……冬，祭祀赞蒙文成公主"。

金城公主,唐朝宗室女,雍王李守礼的女儿。《敦煌吐蕃历史文书》记载:"及至狗年(710)……赞蒙金城公主至逻些""及至兔年(739)……赞蒙金城公主薨逝""及至蛇年(741)……祭祀赞普王子拉本及赞蒙金城公主二人之遗体"。

《敦煌吐蕃历史文书》中记载,在吐蕃拥有赞蒙尊称且去世后享有祭祀的,其地位不低于王后,文成公主和金城公主都有这两项待遇,可见地位是极高的。据记载,松赞干布的后宫妃嫔中只有文成公主有如此待遇。

文成公主信奉佛教,她带到吐蕃的释迦牟尼佛像如今保存在大昭寺。在文成公主下嫁松赞干布后的200

松赞干布与文成公主壁画

多年里,吐蕃和唐朝之间的往来频繁、交通顺畅、商贸发达。

唐蕃会盟碑记载:"……和叶社稷如一,于贞观之岁,迎娶文成公主……重协社稷如一,更续姻好。景龙之岁,迎娶金城公主降嫁赞普之衙……舅甥和叶社稷如一统,情谊绵长……"

文成公主入藏促进了唐蕃之间的友好发展。由于文成公主是一位聪慧又博学多能的才女,她带来的汉民族的文化对吐蕃的开化影响很大,还巩固了唐朝的西陲边防,西藏的经济、文化等各方面也因此得到长足发展。

永徽元年(650),松赞干布逝世,文成公主继续在吐蕃生活达30年,为加强唐蕃之间的友好关系努力。文成公主受到了藏族同胞的爱戴。

永隆元年(680),文成公主因为染上天花而去世。吐蕃人为文成公主的去世而痛心,为她举行了隆重的葬礼。后来吐蕃人为了纪念文成公主,专门为她建造了一座雕塑,如今还屹立在拉萨,距今已有1300多年的历史了。

至今,文成公主与松赞干布的故事仍以戏剧、民歌、壁画、传说等形式在汉藏民族间广泛传播。

文成公主入藏和亲对汉藏两族的友好发展作出了重要贡献。今天拉萨市的布达拉宫和大昭寺内还保存着松赞干布和文成公主的塑像，布达拉宫还保存着他俩结婚房间的遗迹。藏族的史书着重记录了文成公主的事迹。文成公主信奉佛教，并将佛塔、经书和佛像带入吐蕃。她协助松赞干布设计建造了大昭寺，并在大昭寺完工后，与松赞干布亲自在庙门外栽插柳树，世称"唐柳"。文成公主还修建了小昭寺，由此，佛教在西藏流传开来。拉萨四周都有山，文成公主将这些山分别以妙莲、宝伞、右旋海螺、金刚、胜利幢、宝瓶、金鱼等八宝命名，这些山名一直延续至今（参见张柏华主编：《文成公主远嫁》，语文出版社1995年版）。

唐人陈陶《陇西行》诗有"自从贵主和亲后，一半胡风似汉家"语，可见文成公主对吐蕃文化影响深远。文成公主聪慧、知书达礼，跨越千山万水，远嫁吐蕃，不但促进了唐蕃之间经济文化的交流，还大大增进了汉藏两族人民亲密、友好、合作的关系。

4. 丝绸之路丈量者：唐玄奘

玄奘（602—664），洛州缑氏（今河南省洛阳市偃师区）人，俗名陈祎，法名玄奘，人称"三藏法师"，后世俗称"唐僧"。他是唐代著名高僧，法相宗的创始人，是中国佛教三大翻译家之一，另外两位是真谛和鸠摩罗什。

玄奘一直在苦心研究有关佛教的各种学说，为此他不畏艰险，于贞观元年（627），独自一人踏上了西行的道路，最后历经艰辛跨越5万里，来到印度佛教中心那烂陀寺求取真经。在这里，玄奘认真研习大小各派学说，17年后回国的时候，带回来657部经论、7尊佛像和150粒佛舍利。

玄奘和他的弟子一共翻译过佛典75部，共计1335卷。主要翻译著作包括：《心经》《大般若经》《成唯识论》《解深密经》《瑜伽师地论》。玄奘是国际性的中外文化交流的杰出使者，他的足迹虽远至印度，却影响了全世界。

玄奘生在一个世宦之家。他祖上几代，都曾在朝廷做官。祖父陈康，做过北齐的国子博士；父亲陈惠，曾任隋朝江陵县令。陈惠于隋炀帝大业年间，辞官还乡，从此潜心儒学。玄奘出生在这样的家庭环境中，从小就受到了良好的文化熏陶。

玄奘从小聪颖，悟性高，学过的东西很快就能理解、融会贯通，尤其对于佛典类的书籍，他似乎兴趣更浓。11岁时，玄奘能将《维摩经》《法华经》等熟练背诵，更难得他年少就已懂得自律律人的道理。虽然他年纪尚幼，但贵在稳重，故而人们在听过法师讲经之后，若觉得需要作进一步的探讨时，就常常请他上座复述。玄奘虽然年幼，但解析经理，无有不通，净土寺僧众重其学功，美其风仪，对他十分钦佩。

至隋朝炀帝大业末年，国内到处兵荒马乱，人民流离失所，一片饥馑混乱。唐朝武德五年（622），玄奘22岁，在成都受具足戒，正式获得僧人资格。之后，他又在蜀地遍访名师，再过数年，于贞观元年（627）回到长安。

这些年间，玄奘在巴蜀一带跟从一些名师广泛参学，精研过《阿毗昙论》《摄大乘论》《迦旃延论》等佛教名典，每有所学，莫不凿岩穷穴，对各家各宗学派观点，本干条理，疏朗分明，皆蕴结胸府。并且，他还都能融会自然，独立思考。对他的超常记忆和非凡悟性，人们都交互称赞，以至于蜀人以"少年神人"之名称他，致使他名声很大。但是越是深入全面地把握当时汉地佛教的各种思想学说，玄奘却越是感到不满足，感到有问题。

到长安后，他又拜在京城一些名僧如道岳、法常、僧辩、僧会等人门下，从学《俱舍论》《涅槃经》等重要典籍学说，朝夕咨请，孜孜为道，造诣日深。学术人品，誉满京华。不久，京中学界都传，说他已穷尽国内各家学说，称他为"释门千里驹"。而玄奘在多年参学生涯中，日益觉得，中土诸师，对有关义理，往往说法不一，因而引起派别纷争。释教内部的派别纷争，十分有碍佛法弘行。而验之于佛典经论，则更感到各类经典，常是译文粗疏，名相各异，使人莫知所从。比如南北朝以来流行的一些重要学派，一是以《十地经论》为依据的"地论学派"，一是以《摄大乘论》为根本的"摄论学派"，两派对于"佛性"到底是什么这样重要的问题，说法就大相径庭，令人十分困惑（参见杨非著:《玄奘》，学习生活出版社1955年版）。

玄奘所学，主要是瑜伽行派理论。他常常听说，印度那烂陀寺有此派根本经典《瑜伽师地论》，很想求得此论，既以之释此土众疑，又以之统一各家异说。他又听说那烂陀寺等处讲经弘法，盛况空前，因此更是心向往之。故立誓西游，以取真经。时机终于来了。贞观元年（627），玄奘25岁。这年八月，关东、河南、陇右沿边诸州霜害来袭，秋稼毁损严重，闹起了饥荒。朝廷特准京中道俗人等可各自出外谋食。敕令不久，早已准备就绪的玄奘立即随大批灾民出城。然后，他就独自一人踏上了艰苦卓绝的西行之路。

唐初，西域高昌国国王麴文泰对源远流长的中原文化心向往之。加上他对于佛教尤为崇信，因此，一段时间里，当他不断听到来往商旅传说，有名的大唐法师玄奘，出长安西行，精诚动天，万里求法，就甚觉敬慕，渴欲一见。麴文泰敬佩道："流沙艰险，师父能孤身来此，真是奇迹啊！"并请玄奘留在高昌，不要再去印度，说："我从前幼时，曾随父亲去中国，游历过东西二京（指洛阳和长安）以及燕（河北）、代、汾、晋（均在今山西）等地，见过许多高僧，从无人引起我的仰慕，今日一见法师，就敬爱异常，恨不得终身供养。请师父接受我的诚意，别再西游，让我一国人民，同受师父教化！"

玄奘含笑拒绝，麴文泰动用强力，说玄奘若不答应留下，就用兵把他送回长安去。玄奘说："我的骸骨或可用强力留下，但我的精神和意志是留不住的。"麴文泰又改而热情挽留，每餐进食，都亲献杯盘。但玄奘干脆绝食，一连三日，滴水不入，气息渐弱。麴文泰知他终不可留，于是向他谢罪，并要求和玄奘结为异姓兄弟。高昌王母亦来，与玄奘手传香信，结为母子。高昌王亲送玄奘出城上路，并馈赠黄金100两、银钱300元，绫帛500匹，以充玄奘一路往返之用。实际上，这些钱财已足够20年用度了。此外麴文泰又为玄奘准备了许多衣物和30匹马、25个人，供他一路差用。又写了24封信，给玄奘沿途将要经过的24个国家的国王，请他们给予玄奘照顾，并各附大绫一匹，作为礼物。还派大臣陪同玄奘西行，去见西突厥叶护可汗，另外还以绫绢500匹，果味2车，献给叶护可汗。

麴文泰依依不舍，要求玄奘他日东还，定要再到高昌停留。玄奘一一答应。麴文泰以当地最隆重礼节，手执玄奘之足,与之垂泪道别(参见朱偰著:《玄奘西游记》,中华书局2007年版)。

玄奘到印度后,经过滥波国、揭罗喝国(均在今阿富汗东北境),到达东临印度河的犍陀罗国,对融合了印度和希腊艺术风格的著名的"犍陀罗艺术"赞叹不已。广泛参研犍陀罗佛教胜迹后,他又渡过印度河,经过坦叉始罗国(今巴基斯坦旁遮普省拉瓦尔品第城)等几个小国,来到小乘佛教发源地之一的迦湿弥罗国(羯湿弭罗国)。之后,他又在北印度跋涉数千里,经

唐玄奘求法图

历10余国，拜访名师，考察佛史，研究学问。其间，他曾在许多山区、沼泽和沙漠中经受各种艰险困难，有时还遇上强盗，几乎被杀。他那种谦恭和蔼的态度和奋发勇敢的精神，博得印度各地人的敬爱。

此后，他进入中印度。富饶的中印度是当时佛教和学术的中心。玄奘在中印度前后游历30余个国家，停留的时间也最长。

贞观五年（631）十月初，29岁的玄奘到达摩揭陀国（今印度比哈尔邦的巴特那和伽耶地区）著名的那烂陀寺（又名施无厌寺）。

那烂陀寺是当时全印度最大的寺院，也是全印最高学府。那烂陀之名，据玄奘解释，是因此寺之南森林之中，有一大池，莲花盛开（有人认为，"那烂"即"那拉"，系莲花别称，莲花在印度文化中为智慧象征），池中有龙，名阿烂陀，建寺时因此命名。

此寺当时已创建700余年，体制齐备，壮丽光伟，实际上是当时印度文化的中心。寺中藏有极多各家各门经典，又聚集着极多著名学者。寺院住持是戒贤法师，已100多岁高龄，学问、道德为全国景仰，被大众尊称为"正法藏"。

戒贤对这位来自大唐，万里跋涉，精诚动天，又才赋出众的弟子也是十分看重，寄予无限希望，多方予以鼓励，并以上宾之礼相待，每日供给他担步罗果

120枚、槟榔20颗、豆蔻20颗、龙脑香1两,以及大人米1升。"大人米"是当地特产,米粒特大,做饭鲜香,平时只供国王和最有成就的学者所用。此外,还专门拨给玄奘侍者和婆罗门各1人,帮助料理生活。玄奘若出外,还可以乘"象轿"(用大象驮的轿子)。待遇之高,几乎只在戒贤一人之下。在优裕的学习和生活环境中,玄奘毫不懈怠,抓紧时间,紧张汲取各种思想文化营养。

唐贞观十五年(641)春初,著名的曲女城大会开始。五印度18国国王,精通大小乘佛教思想理论的僧人3000多人,婆罗门教和其他各教各道教徒2000多人,那烂陀寺僧侣1000多人,以及印度各国各界有身份地位之人,共赴盛会。盛会千载难逢,远近观礼之人,更是如山如海,象、舆、幢、幡,充塞几十里。

玄奘为大会论主。根据习俗和辩论规矩,先向大众声明,如果有人能够对于他提出的观点据理制服,能够对于他挂出的《制恶见论》改动一字,作为论主,他将砍头以谢。

及至会期已毕,对于玄奘的精辟见解,无人能破。戒日王宣布会终,心中叹赞至极,极是欢喜。散会之日,戒日王赠送玄奘金钱1万、银钱3万、上等毛毡100具,18国国王也纷纷向玄奘赠送珍贵礼品,但玄奘一概推辞不受。会后,玄奘向师友及戒日王辞行东归。戒日王以及五印度诸国王苦留未成,只得举行盛大送行仪式,送玄奘归国。

贞观十九年(645)正月二十四日,玄奘终于又回到阔别将近20年的故乡。这年,他已经43岁。

当时唐太宗因为正要出征高丽,住在洛阳行宫。他命令留守长安的宰相房玄龄等朝中要员,代表他接待玄奘(参见马佩主编:《玄奘研究》,河南大学出版社1997年版)。

玄奘到长安之日,数十万群众争相出迎,摩肩接踵,道途阻断,以致人不能行。玄奘当日无法进城,只得暂住郊外馆驿。是夜,京中人民通宵不寐,候于道旁,等待第二日一早目睹大师风采。

玄奘回长安后,即着手组织译经工作。在朝廷支持下,征选各地有名的高僧学者前来参与译经。一些著名人物,如法藏(后成华严宗创始人)、道宣(后成南山律宗创始人)、辩机(《大唐西域记》执笔人)、怀素(著名书法家)、许敬宗(后成一代名相)等,都曾是玄奘译场中的工作人员。只用了短短3个月时间,玄奘就以干练的办事能力,在长安弘福寺将规模完整、人员精干、分工精细的译场组织完备。当年即创译《大菩萨藏经》20卷,以及《显扬圣教论颂》《六门陀罗尼经》《佛地经》等。次年,玄奘又集中力量,从五月十五日起,开始翻译瑜伽行派根本经典,传为弥勒所说的《瑜伽师地论》。后于贞观二十二年(648)译毕,共100卷。这年,又应太宗李世民之命,由玄奘口述,辩机笔录,再经玄奘作文学修润,撰成著名的《大唐西域记》,共12卷。这是一部伟大的文化名著。书中记载了玄奘在十多年间亲身经历的110个国家和根据传闻的28个国家,共138个国家的历史沿革、风土人情、宗教信仰、交通地理、道德习俗、政治文化等状况。它是研究印度、尼泊尔、巴基斯坦、孟加拉国以及中亚地区各国历史地理的一部极为重要的著作,对考古研究也有重要参考价值。最近100来年,此书已被译成世界上多种文字,在世界文化界享有极高声誉。在印度,考古学者更据此书记载,将一些佛教圣地,如王舍城旧址、鹿野苑古刹、阿旃陀石窟、那烂陀寺的遗迹一一探查发掘了出来。

玄奘还将中国道家经典《老子》译成梵文,传入印度,此书对以后兴起于东印度一带的密教的有关著述及修法方式,产生了直接和深远的影响。另外,玄奘还把在印度已经失传的大乘佛教名典《大乘起信论》译回梵文。他在沟通中印这两大东方文化体系中作出的卓越贡献,具有巨大的历史意义(参见钱世明著:《玄奘传》,中国社会科学出版社2003年版)。

5. 盛唐的丝绸与瓷器贸易

唐代的丝绸，仍承前代循陆、海两路输往东西方各国。在唐代的对外贸易中，丝绸不仅是官方贸易中的赠品或回赠品，亦是民间贸易中的重要商货。因丝绸易腐蚀，保存性能远不及瓷器，所以，后来出土的地下实物不可能提供唐代丝绸输出的概貌。但在贸易往来中，丝绸往往同瓷器并行，皆成为东西方各国渴求的精品，故而将瓷器输出的轨迹视作丝绸的对外流向，似不过分。

唐代同历代一样，其输出的丝织品博得了东西方各国的称赞。当时在日本，唐代的丝绸精品不仅被用于供奉，还成为天皇颁赐本国官吏的珍物。迄今，在日本的正仓院还保存着图案精美的唐锦。阿拉伯人也对中国丝绸倍加珍视。《中国印度见闻录》卷二记载，唐代一阿拉伯富商同广州一宦官谈话，该富商透过宦官的丝绸衣服见其胸口上长一黑痣，颇为惊奇。宦官看出了他的心意，便伸出手臂让他数自己所穿衣服的件数。数过之后，方知是5件之多。而这种丝绸是未经漂白的生丝制作的，总督穿的丝绸，比这更精美，更出色。中国丝绸还改变了一些国家的习俗。例如，唐代的骠国（缅甸骠人建立的国家）人，奉信佛教，"以蚕帛伤生不敢衣"。但到后来，妇人当顶作高髻，饰银

唐代丝绸

珠琲,衣青娑裙,披罗段……

中国丝织技术早在唐代之前就输往东西方诸国,他们在吸收中国丝绸文化的基础上各自发展了具有民族特色的丝织业,并反馈流向唐朝。于是,积极吸取域外各国丝织技艺的特色,成为唐代丝绸文化交流的一个方面。早在南北朝时,滑国就转贩波斯锦至中国。《梁书·滑国》载称:"普通元年(520),又遣使献黄师子、白貂裘、波斯锦等物。"隋代,波斯向中国赠送金绵锦袍。正如《隋书·何稠传》所载:"稠博览古图,多识旧物。波斯尝献金绵锦袍,组织殊丽,上命稠为之。稠锦既成,踰所献者,上甚悦。"可见,唐代之前,波斯丝织品已反馈输入中国,不久,其仿制品亦应运而生。至唐、五代时,情况依旧,后来出土的地下实物为此提供了有力的依据。在隋唐时期的墓葬中,发现了一些具有典型波斯萨珊朝纹锦式样的中国丝织品。

日本正仓院收藏的部分唐锦，其图案设计也明显地受到萨珊风格的影响。这是为满足输出的需求，吸取了域外的艺术风格。同时，在丝织工艺上，也采用了中亚和西亚在纬线上起花的新技术。日本的丝织品，也不断输入中国。日本史籍《延喜式》卷三十《大藏省》记载了遣唐使出发前日本政府颁发给各级人员数量不等的绢、绵、布等物。日本来唐的留学生和学问僧，正是用这部分丝织品充作"学问粮"的。日本遣唐使也用这些丝织品和其他土特产品同中国商人进行交易。于是，流入唐朝的日本丝织品为数可观，并博得了唐人的赞许。其中，珍珠绢颇具特色，深受唐人的欢迎。

公元8世纪，正是唐朝与阿拉伯交往的盛世，中国的丝织技术随之传入阿拉伯国家。公元751年，怛罗斯战役之后，被俘的中国织匠、络匠到达了两河流域。杜环在其《经行记》中记载了当时在苦法的中国工匠有："绫绢机杼、金银匠、画匠。汉匠起作画者，京兆人樊淑、刘泚。织络者，河东人乐㩲、吕礼。"从此，在西亚织造锦缎等高级丝织品的手工业迅速发展起来，并办起了宫廷作坊和官府作坊，生产兑拉兹等供王室和上层使用的丝织物。"兑拉兹"是指绣出或织出哈里发名字或苏丹名字，供缝制帝王御用袍服或赏赐有功大臣的荣誉袍服的织物。其后，欧洲所需之丝绸品种，有相当部分也取自阿拉伯（参见赵丰编著：《唐代丝绸与丝绸之路》，三秦出版社1992年版）。

唐代瓷窑有20多个，以邢窑（在今河北内丘县）、越窑（在今浙江余姚市）、昌南窑（在今江西景德镇）、邛窑（在今四川邛崃市）、定窑（在今河北曲阳县）、潮州窑（在今广东潮州）最为著名，其产品亦最多。自8世纪起，唐代越瓷（青釉瓷）的出口标志着中国瓷器的外销进入了一个新阶段。中国瓷器以造型精巧、色彩绚丽、风格别致博得了世界各国的珍视，他们称中国为"China"（瓷器），即"瓷之国"。唐代瓷器，沿陆海两途输往东西方各国，给他们带去了文化、科技和美的享受。

朝鲜半岛发掘出的唐、五代时期的陶瓷，是唐瓷流入该地区的明证。例如，今韩国庆州附近朝阳洞出土了一件完整的唐三彩三足鍑，其造形彩斑同扬州出土的极其相似。他们模仿唐三彩，烧制成"新罗三彩"，并于吴越天宝十一年（918）在全罗南道的康津等地设窑，仿造中国越窑青瓷器，被称作"新罗烧"，或"翡色"瓷器【参见崔延芳著：《汉唐陶瓷大全》，（台湾）艺术家出版社1987年版】。

唐朝是中日交通贸易往来的活跃阶段，中国瓷器大量输往日本。迄今，日本已发掘出唐三彩、越窑青瓷、邢窑白瓷和长沙窑瓷。唐三彩于盛唐时即流入日本，在奈良、福冈等地均有发现。越窑青瓷，在日本近50

处遗址中被发现。长沙铜官窑器，于中晚唐时期大量输往日本，在今奈良、京都、九州的博多湾和久留米、种子岛以及日本最西端的西表岛等处的寺庙、居民遗址和古墓中曾有发现。唐代邢窑、昌南窑瓷器，在日本的奈良、京都、福冈等十多处官衙、寺庙和坟墓中出土。

唐代瓷器流入日本，对其陶瓷业的发展产生了深刻的影响。唐三彩一经同日本人见面，就博得了他们的高度赞赏，但因供不应求，日本政府特下令进行仿造。其仿制品在造型、釉色、花纹和风格上，都近似唐三彩，被称作"奈良三彩"；又因仿制品的相当部分入藏于正仓院，并保存至今，故而又被称作"正仓院三彩"。随着越窑瓷器、长沙窑瓷器和南北窑系白瓷的大量输往日本，烧窑技术亦同时流入。至9世纪末，日本利用越窑烧制技术改进窑炉结构，连窑具也模仿唐、五代造型。爱知县的猿投窑（日本古名窑）仿制的越窑青瓷，无论造型、釉色和装饰手法，均同越窑产品相似。

马来半岛和马来群岛各古国，均为唐代瓷器的输入国。地下实物告诉我们，马来西亚吉打的江湾（古称卡塔哈）出土了唐绿釉瓷器；柔佛河流域古遗址见有唐青瓷残片；彭亨州的哥拉立卑附近金矿发掘出唐四耳青瓷樽；新加坡国家博物馆收藏有柔佛的卡达丁几和麻拉出土的为数众多的越州青瓷。印度尼西亚玛朗南郊的遗址和墓葬中，发现有长沙窑的褐斑鎏柄执壶，类似的器物在爪哇也有出土。南苏拉威西发现有唐凤头清水壶。此外，在南苏门答腊、峇里、中爪哇等地均发现唐代瓷器。文莱亦发现一唐青釉两耳樽，同福建安溪唐墓出土的随葬瓷樽相似。菲律宾出土的中国瓷器，为东南亚地区之冠，属唐、五代时期的虽不多，但分布却很广。唐瓷出土的地点有巴布延群岛、伊罗奇与冯牙丝兰海岸、马尼拉一带、民都乐岛、保和岛、宿务岛和卡加延苏禄岛等（参见刘淼、胡舒扬：《沉船、瓷器与海上丝绸之路》，社会科学文献出版社2016年版）。

唐瓷还输往南亚各国，在今印度、巴基斯坦和斯里兰卡都曾发现唐瓷的地下实物。印度南部迈索尔邦博物馆藏有晚唐、五代时期的越窑青瓷和长沙窑瓷；印度南部科罗曼德海岸的古港遗址出土了唐末、五代越窑青瓷碟残片。巴基斯坦卡拉奇东南的斑波尔古港遗址，出土了晚唐越窑水注和长沙窑黄褐釉上绿彩花草纹碗残片。

唐瓷沿陆、海两途还流向西亚的波斯和阿拉伯。波斯湾的古西拉夫港（今塔黑里），出土了大量中国陶瓷片，最早的是中晚唐时期的越窑青瓷和邢窑白瓷。在今伊朗东北部霍腊散省古丝路必经之地的内沙布尔遗址，发现有晚唐越窑深碗、长沙窑彩绘罐以及邢窑白瓷盖罐的残片。德黑兰南面的赖依遗址，出土了唐、

唐三彩花瓶

五代越窑系青瓷和长沙窑彩绘盘。此外，在伊朗还出土了唐三彩。伊朗人是善于汲取外来文化的民族，他们从唐瓷中得到了启发，仿制成了"波斯三彩"和白瓷。内沙布尔、里伊、阿莫勒、阿格罕等地都曾发现仿唐三彩的陶器。

据希提《阿拉伯简史》记载，8世纪中叶至9世纪中叶是阿拉伯阿拔斯王朝的全盛时代，其首都巴格达，"市场上有从中国运来的瓷器、丝绸和麝香"；"城里有专卖中国货的市场"。三上次男的《陶瓷之路》亦记载说，巴格达东南的帖尔·阿比鲁塔，是阿拔斯王朝繁荣的城市遗址，在此发现了9—10世纪制作的褐色越窑瓷和华南白瓷残片；巴格达北面，底格里斯河畔的萨马拉遗址，发现了大批唐制或仿唐三彩式的碗和盘，绿釉和黄釉罐的残片，以及晚唐和五代时的白瓷和青瓷残片等。巴格达阿拉伯博物馆收藏有萨马拉遗址出土的唐、五代的越窑瓷；西柏林达累姆博物馆也收藏有该遗址出土的9—10世纪的越窑瓷和白瓷碗的残片。

唐瓷还输往非洲。位于埃及开罗南郊的福斯塔特古城遗址，曾出土中国陶瓷残片12000片，其中有唐、五代的唐三彩、越窑青瓷和邢窑白瓷，以越窑青瓷居多。埃及不仅进口中国的陶瓷，还仿制陶瓷，在福斯塔特古城遗址中出土的所有陶瓷中，有70%—80%为中国陶瓷的仿制品。此外，红海岸边苏丹境内爱札布遗址，非洲东海岸坦桑尼亚的基尔瓦岛等也都发现了唐、五代瓷器的地下实物。中世纪时期的开罗居民，几乎家家户户都普遍使用质地优良的中国瓷器。埃及人称瓷器为"绥尼"，意为"中国的"。

由此可见东西方各国对中国陶瓷文化的向往，以及中国陶瓷文化对世界文化作出的巨大贡献（参见殷晴著：《丝绸之路与西域经济》，中华书局2007年版）。

6. 西域音乐传入与中外杂技交流

隋唐时期，中国政治稳定，经济繁荣，文化也达到一个高峰时期。以此为基础，再加上对待外来文化的兼收豁达，使得隋唐王朝与各国外文化的交流日益兴盛，表现在音乐方面，则是边远地区各少数民族和邻国各民族的音乐艺术，相继传入中原地区，并得到广泛的发展，成为中原文化不可或缺的一部分，其中尤以西域音乐为最。

西域音乐之所以能传入中原并得到推广，原因是多方面的。首先，隋唐王朝有足够的经济实力，能支付音乐团体的巨大开支，这是经济基础；其次，隋唐王朝各皇室的血缘关系使得他们易于接受来自西域的音乐，如唐高祖母亲元贞皇后，姓氏为独孤氏，这一血统与匈奴族有很大关系；最后，隋唐王朝各皇室的祖籍居住地与西域有着类似的文化，地理联系背景也促成了西域音乐的传播，如唐高祖李渊是成纪（今甘肃安北）人，祖籍则在狄道（今甘肃临洮），均属陇西地域，与西域的文化背景极为类似，语言、文化、生活习惯有很多相通之处，故接受西域音乐自然在情理之中（参见周菁葆著：《丝绸之路的音乐文化》，新疆人民出版社1987年版）。

西域音乐在中原广为传播，与汉族旧有音乐融合，最终被官府以乐部的形式加以确认。依时代不同，被确认的乐部数目也有所不同，如隋朝开皇初年是七部乐，到大业中年则为九部乐；唐王朝武德初年为九部乐，到贞观十六年（642）则扩展到十部乐。这里所说的乐部的数量是指当时官府确认的乐曲的数量。大致有燕乐、清商乐、西凉乐等。其中有的乐部承袭自中原旧有的传统音乐,而大部分则是来自西域音乐,如唐贞观十六年(642)的10部乐(燕乐、清商乐、西凉乐、高昌乐、龟兹乐、疏勒乐、康国乐、安国乐、天竺乐、高丽乐)中,除清商乐为中原旧有,高丽乐来自东方邻国外,其余8部都是来自西域音乐,其中又以龟兹乐对中原音乐的影响最大。

西域音乐在中原的具体体现曲目,有《霓裳羽衣》和《秦王破阵乐》。《霓裳羽衣》是唐玄宗在西凉节度使杨敬述所献的《婆罗门曲》的基础上加以润饰而成的,情调幽雅清丽,着力渲染虚无缥缈的天外世界。全曲分三大部分:散序(6小段)、中序(18小段)和入破(12小段)。《秦王破阵乐》也是唐代大型宫廷乐舞,讲述秦王李世民打败叛将刘武周,百姓为之欢呼的故事。

唐代女子舞乐图

西域音乐在中原的传播，使得唐代宫廷音乐带有浓郁的西域地方色彩，强大地震撼了中原旧有的音乐传统，极大地影响着后来的中华音乐文化的发展。

唐太宗时，外交活动十分活跃。据唐初统计，来自东南亚、西域、中亚以至波斯、罗马的使节、留学生、商人等集于洛阳一地的就有一万多家。唐太宗实行开放的文化政策，兼收并蓄外来乐舞技艺，促进了各民族和中外的文化交流。

盛唐的全部乐舞之中，有一半是中国少数民族和外来的节目。如印度的"三棒鼓""苦行术"，东南亚的"球技"，朝鲜的"幻术"等，都很有特色。而中亚一带的"胡旋"更像旋风似的遍及朝野。

盛唐时期教坊的胡旋队伍十分庞大。经常由几百名身穿宫装、面貌姣好的女子组成队列表演，她们站在圆球上，来往进退腾蹋自如，变化着各种队形，时而举袖扬手旋舞，时而迂回宛转，几百只木球滚动起来发出雷鸣般的响声，气势浩大，蔚为壮观。当时上至宫廷女娥，下至民间百姓都喜欢这项技艺，许多人都会踩球，唐玄宗的宠妃杨玉环、安史之乱的罪魁祸首安禄山都精于此技。

在吸收外来乐舞的同时，中华民族的文化也传向四面八方。如对东邻日本，就产生过较深的影响，不少乐舞杂技甚至流传至今。当时流行的力技、叠置伎、舞狮子等都先后传到日本。他们把这些节目称为"猿术",或干脆叫它"外术",说明是外国传来的。

至今保存在日本的一些文物,更是中日杂技交流源远流长的极好见证。例如日本正仓院珍藏的"唐代弹弓",是至德元年(756)唐肃宗赠送给日本的,后由日本皇室捐赠给日本庙宇东大寺的珍宝之一。弓背上用油漆画满了杂技表演盛况,其中有两组"顶竿"和两组"叠罗汉"表演,说明唐代散乐中的典型节目顶竿、武术等已在日本流传开来,《唐舞绘》(《信西古乐图》)是日本艺术界一再临摹保留下来的唐代乐舞百戏图,其中描绘着更多的杂技节目如"吞刀""吐火""扔球""走索""抑肩倒立""三童重立""入壶舞""舞狮子"等。这些节目不仅传到了日本,而且得到了保留和发展,为中外文化交流做出了贡献(参见赵世骞著:《丝绸之路乐舞大观》,新疆美术摄影出版社1997年版)。

后　记

"一带一路"相关国家众多，代表性人物众多，为中外交好、民心相通作出杰出贡献的人士众多。因此，为"一带一路"璀璨群星立传，既使命光荣，又责任重大。在这项浩大工程的策划、组织、执行过程中，有许许多多的志士参加了有关传主的名单征集和审定，以及写作、翻译、审读、编辑、出版、筹资、联络等繁重而琐细的工作。所有参与的人员，以拳拳报国之心，尽深厚学养之力，克服了时间紧、任务重、要求高、压力大等诸多困难与挑战，最终圆满完成了任务。在本书付梓之际，丛书编委会特向参与本项目的全体同志致以崇高敬意和衷心感谢!

  同时特别需要鸣谢的是,提出策划并领导实施此项目的中国传记文学学会会长王丽博士。王博士长期从事法律实务工作,经验丰富,并由于她担任"一带一路服务机制"主席职务的原因,她对相关国家、对走出去的"一带一路"建设者和广大青少年的需求了解真切,提出应当为他们写一套介绍各国典型人物的简明易读的传记,为他们提供健康的精神食粮。她把这项"额外"的工作当成了事业,联袂商会筹集资金、苦口婆心招揽作者、精心挑选传主名录、夙夜青灯挥笔写作、近乎偏执逐字推敲,可谓亲力亲为呕心沥血。面对如此浩大的出版项目和繁重的出版任务,中国出版集团华文出版社不但毅然承担了出版任务,而且集团和出版社的领导与中国传记文学学会的负责同志一起协商,寻求有关部门的支持和帮助,努力将该传系打造成高质量的精品好书。在此,我们特向项目牵头人和中国出版集团公司、华文出版社的相关领导和编辑致以崇高敬意和衷心感谢!

  更让我们感动的是,在项目实施过程中,一些富有家国情怀的民间商会和企业家的慷慨解囊,虽不足以支撑项目的全部费用,但是他们所表现出的热心和支持,让我们坚定了走下去的信心和决心。在此,我们要特别鸣谢为本项目的创作与出版做出捐赠支持的中国民营经济国际合作商会、亿阳集团股份有限公司、富通集团有限公司以及太平洋证券股份有限公司，并对他们的拳拳报国之心和慷慨无私帮助致以崇高敬意和衷心感谢！

　　一项伟大的事业，离不开许多默默无闻的奉献者。在本传记系列的组织、编写、出版过程中，有历史、文学、科研、外交、教育、法律、翻译、出版等领域的数百位专业人士参与，恕不能在此处一一详列。需要特别提出的是，鞠思佳、景峰等同志为组织联络、收集资料到处奔波而毫无怨言，唐得阳、唐岫敏、白明亮、谭笑等同志在编写、翻译和编辑、校对过程中的细致与负责让我们感动，赵实、胡占凡、高明光、吴尚之、刘尚军、李岩、王灵桂、李永全、陈晓明、许正明、宋志军等同志睿智的指点和专业的帮助让我们避免了许多弯路。在此，我们特向以上各位同志致以崇高敬意和衷心感谢！

　　当然，由于我们水平所限，本丛书难免有某些不尽如人意和瑕疵之处，敬请学界专家和各位读者不吝赐教，我们将在作品再版之时予以完善。在此，我们也向各位读者提前表示崇高敬意和深深感谢！

"一带一路"列国人物传系编委会
2018年3月8日